ÇA M'EMMERDE, CE TRUC

14 jours dans la vie de Nicolas Sarkozy

Ludovic Vigogne

NICOLAS SARKOZY, DE NEUILLY À L'ÉLYSÉE, avec Brunc Jeudy , l'Archipel, 2007.

Eric Mandonnet

LES HOMMES DE L'OMBRE, avec David Martin-Castelnau, Balland, 1995.

AU CŒUR DU RPR, avec Emmanuel Hecht, Flammarion, 1998.

LES DIMANCHES DU PRÉSIDENT, Grasset, 2002.

LA FRANCE DE MAI, *entretiens avec Jean-Pierre Raffarin*, Grasset, 2003.

ERIC MANDONNET
LUDOVIC VIGOGNE

ÇA M'EMMERDE, CE TRUC

14 jours dans la vie de Nicolas Sarkozy

BERNARD GRASSET
PARIS

Photo de couverture :
Lionel Bonaventure/AFP.

ISBN 978-2-246-80307-2

Avant-propos

La finale d'une élection présidentielle obéit à des rituels. Le fameux débat, plusieurs grands meetings, quelques polémiques. Une double règle a toujours été respectée pendant ces deux semaines décisives : les estimations sur le résultat définitif, données au soir du premier tour par les sondages, se confirment quasiment à la décimale près, comme si l'ultime phase de la campagne ne servait pas à grand-chose ; un président sortant adopte une attitude de père de la nation, qui l'incite à prendre de la hauteur. Ces deux règles ont été bafouées en 2012. Pour la première fois depuis le début de la Vᵉ République, l'écart entre les deux finalistes (les enquêtes réalisées le 22 avril promettaient 54 à 56 % à François Hollande) s'est resserré de manière spectaculaire (le socialiste a obtenu 51,6 %

le 6 mai). Pour la première fois depuis le début de la Ve République, un chef de l'Etat candidat à sa propre succession a cherché à rassembler son camp et son extrême camp, plutôt que son camp et le centre.

Nicolas Sarkozy a fait bouger les lignes. Il s'est adressé à l'électorat du Front national comme jamais la droite républicaine n'avait osé. Du clip sur l'immigration, diffusé dans le cadre de la campagne officielle, aux controverses sur le « vrai travail », de l'exploitation de l'appel des 700 mosquées à voter pour François Hollande à la dénonciation de l'attitude du théologien controversé Tariq Ramadan, il n'a reculé devant rien. Il a cru possible de réussir une performance inédite et de renverser la tendance dans le sprint d'arrivée. Jusqu'au moment où celui qui se pensait invincible a vacillé, puis compris que la défaite l'attendait. Un choc politique et humain.

Que s'est-il passé entre le 22 avril et le 6 mai ? La période a vite été chassée par une autre séquence, avec l'installation d'une nouvelle équipe au pouvoir. Pourtant, elle va laisser des traces profondes. Sur la reconstruction de la droite et du centre, sur la compétition au sein de l'UMP, sur les futures stratégies de conquête élyséenne, sur l'avenir personnel de Nicolas Sarkozy et sa volonté de revenir, ou non, sur la scène publique, ces quatorze jours pèseront beaucoup et longtemps. Quatorze jours. Une folle histoire.

Avec...

Nicolas Sarkozy, président de la République, candidat à sa succession.

Carla Bruni-Sarkozy, son épouse.

Patrick Buisson, politologue, ancien journaliste, directeur général de la chaîne Histoire.

Jean-Michel Goudard, ancien publicitaire, fondateur de l'agence Euro RSCG.

Pierre Giacometti, conseiller en stratégie et en communication, ancien directeur d'Ipsos France.

Xavier Musca, secrétaire général de l'Elysée.

Henri Guaino, conseiller spécial du président.

Emmanuelle Mignon, ex-directrice de

cabinet du président, chargée du projet du candidat.

Nathalie Kosciusko-Morizet, porte-parole du candidat.

Franck Louvrier, conseiller du président, chargé de la communication.

Camille Pascal, conseiller à l'Elysée, chargé de l'audiovisuel.

Guillaume Lambert, directeur de campagne du candidat.

Jean-Baptiste de Froment, conseiller à l'Elysée, chargé des sondages.

Brice Hortefeux, ancien ministre, ami du président depuis 1976.

Et aussi

Nicolas Bazire, directeur général du groupe Arnault et témoin de mariage du président,

Alain Minc, économiste, essayiste, célèbre « visiteur du soir »,

et quelques ministres qui passaient par là…

1

L'antinuit du Fouquet's

« C'était un type exceptionnel, qui n'a jamais été président. » Il est 23 heures, ce dimanche 6 mai 2012. Plus de deux heures se sont écoulées depuis que Nicolas Sarkozy a reconnu sa défaite à la Mutualité. Ni tout à fait le même, ni tout à fait un autre. Plus vraiment le chef de l'Etat, en tout cas depuis que François Hollande a recueilli 51,6 % des suffrages. Dès qu'il échappe aux caméras, Nicolas Sarkozy retourne néanmoins à l'Elysée. Le « type-exceptionnel-qui-n'a-jamais-été-président » dont il parle, assis dans ses appartements privés, au second étage du palais, c'est Georges Clemenceau. Comme lui, il a été terriblement attaqué. Mis en cause dans l'affaire de Panamá, accusé de corruption à la Chambre des députés, soupçonné même d'intelligence avec l'ennemi, il eut droit à son journal, *L'Anticlemenciste*. Les antisarkozystes n'ont rien inventé. En 1920, tout Père la Victoire qu'il fût, il échouait à devenir président de la République. Aux yeux de Nicolas Sarkozy, il y a, bien sûr, le « premier flic de France », son lointain prédécesseur au ministère de l'Intérieur. Il y a aussi le Clemenceau de la fin, celui qui, à 82 ans, s'entiche de Marguerite Baldensperger, de quarante ans sa cadette. « Je vous aiderai à vivre, et vous m'aiderez à mourir », lui susurrait-il à l'oreille. Nicolas Sarkozy a toujours eu un côté fleur bleue. Deux jours plus tôt, après son meeting final aux Sables-d'Olonne, le président candidat a failli effectuer un détour par Mouchamps, à 60 kilomètres de là, pour s'incliner sur la tombe du grand homme qu'il cite ce soir. L'ultime image n'existera pas. Une stèle isolée au milieu d'un petit bois : les journalistes n'auraient pas eu à se forcer pour trouver l'inspiration.

« Vous êtes où ? Venez prendre un verre. » Il a appelé son ancienne directrice de cabinet, l'indispensable Emmanuelle Mignon, son ami, le publicitaire Jean-Michel Goudard, et l'un de ses conseillers officieux, le politologue Pierre Giacometti, qui étaient partis dîner ensemble. Ils se trouvaient à la brasserie du Plaza Athénée, avenue Montaigne, ils venaient de passer commande. Tant pis pour elle ! Ils regagnent l'Elysée en quelques minutes. Le président a également téléphoné à Patrick Buisson, son fameux stratège, qui n'a pas souhaité se joindre à eux. Avec Carla, ils sont à peine quatre à l'entourer. C'est l'antinuit du Fouquet's. Pierre Giacometti est le seul ce soir à l'avoir vécue. Il mesure mieux que d'autres l'étendue du tort qu'elle a causé à celui qui célébrait son triomphe. Ah, si le 6 mai 2007 avait ressemblé à ce 6 mai 2012…

En face du canapé, l'immense écran de télévision est éteint. « Mon parti m'a abandonné, mes amis m'ont trahi, je suis un homme mort. » Sarkozy n'est pas Clemenceau, son âme n'est pas si noire. L'échec ne l'a pas rattrapé par surprise. Bientôt, très vite, il se racontera une autre histoire, il se dira qu'il n'a pas vraiment perdu. Dès le lendemain, il expliquera aux responsables de l'UMP qu'il leur lègue « une famille politique en état de marche » et « un patrimoine d'idées ». Pour l'heure, il est soulagé. Le résultat est serré. « On a fait ce qu'on a pu, le maximum. C'était difficile de gagner, ce n'est pas une claque. » Carla Bruni-Sarkozy intervient : « C'est beaucoup mieux pour nous deux, on va avoir du temps. » Soulagé, il l'est aussi parce qu'il a le sentiment d'avoir fait honneur à ce que doit être une défaite en politique. Il n'en a plus connu depuis les élections européennes de 1999, où la liste qu'il conduisait avait été ridiculisée, mais il a eu le temps d'y penser au cours des dernières heures. La veille, il en a encore discuté avec Edouard Balladur. Cet après-midi, au téléphone, il y a longuement réfléchi avec plusieurs de ses proches.

Tout à l'heure, il a validé la proposition de son équipe : inviter François Hollande aux cérémonies du 8 mai. Ce cliché-là est important. Il relate maintenant sa conversation téléphonique avec le socialiste, juste après 20 heures : « Je lui ai dit deux choses : profite de ta soirée, car c'est la dernière qui est bonne ; protège ta femme et tes enfants. » Mais il n'a plus trop envie de parler de politique. Il évoque rapidement ceux qui ont été fidèles jusqu'au bout, sa garde rapprochée, et s'il ne nomme pas François Fillon, ce n'est pas un hasard. Comme souvent ces derniers mois, il convoque dans la conversation le réalisateur Carl Dreyer et l'écrivain Stefan Zweig. Le jeune père de famille s'attarde ensuite sur les siens. Ces prochaines semaines, ils seront sa priorité. Son portable vibre parfois, des SMS de félicitations pour son allocution à la Mutualité. Il ne répond à aucun appel. Les petits mots d'amitié de ses homologues étrangers, dont certains sont transmis au voisin de la place Beauvau, Claude Guéant, qui les livre dans la foulée à l'Elysée, attendront.

Minuit. « On s'appelle demain. » Nicolas Sarkozy libère ses hôtes, ils peuvent enfin aller se mettre à table. Rachida Dati viendra les saluer. Le futur ex-président retrouve son domicile. Sur le chemin, il téléphone à son conseiller en communication, Franck Louvrier, à ses côtés depuis quinze ans. On ne se débarrasse pas en un instant de vieilles habitudes. Plus tard encore, il joint son ministre de l'Intérieur. Il veut connaître son score quasi définitif, celui que l'Histoire retiendra. Une fois chez lui, dans le XVIe arrondissement de Paris, l'homme qui se couche tôt ne veut pas dormir. Coup de fil à son complice, Nicolas Bazire, le témoin de son mariage avec Carla. Sa décontraction n'est pas feinte. Il se souvient moins de son échec que de sa sortie, il savoure d'avoir passé cinq ans à exercer un job qui était vraiment son genre. De cela, il est tellement convaincu. Le premier jour, à peine installé dans son bureau de président, il avait d'ailleurs lâché cette curieuse phrase : « J'ai l'impression que cela fait vingt ans que je suis là. » Il sera resté cinq ans. Depuis la révision constitutionnelle de 2008, qui limite à deux le nombre de mandats présidentiels, il savait que sa carrière avait un terme, qu'à 57 ans, 62 ans au plus tard, il en aurait fini avec la politique, ou elle avec lui. Est-ce pour cela qu'au moment de réformer la loi fondamentale, sa main a tremblé et qu'il a été tenté – sans jamais l'avouer publiquement – de laisser de côté cette promesse de 2007 ? Partir, revenir. Demain est un autre jour. Une autre vie.

Dans quelques heures, le soleil levé, il appellera le fidèle parmi les fidèles, Brice Hortefeux, qu'il n'a pas eu ce dimanche. Car il veut, sans plus attendre, lui demander un service : constituer une association politique qui défende son bilan. L'après a commencé. La reconquête, déjà ?

2

Le pacte des loups

Adieu, le Quai ! Adieu, les promesses de Matignon ! Bonjour, Bordeaux ! L'affaire est pliée. C'est perdu. François Hollande devance Nicolas Sarkozy. Pour la première fois dans l'histoire de la Ve République, un président sortant candidat à sa réélection n'arrive pas en tête au premier tour. Sur les plateaux télé, la soirée ne s'annonce pas des plus charmantes ; il va falloir affronter une gauche triomphante. Il est 18 h 30, ce dimanche 22 avril. Alain Juppé quitte son bureau pour participer à une réunion autour du chef de l'Etat, à l'Elysée. Une heure plus tard, la voiture du ministre des Affaires étrangères traverse Paris et l'emmène vers France 2. Il ne peut s'empêcher de le reconnaître : « Ce type est quand même bluffant. »

Adieu, l'Elysée ? Adieu, les sommets entre

maîtres du monde ? Bonjour, la retraite ? Comme si Nicolas Sarkozy n'était pas là pour tous les bluffer. Non, les jeux ne sont pas faits. Rien n'est perdu. Samedi, il était d'humeur sombre. Le voilà requinqué. Pour un peu, la victoire lui tendrait les bras. 27,18 % pour lui ; 1,45 point de moins que son adversaire socialiste : ce n'est pas si mal. Surtout, le score du candidat classé en troisième position lui ouvre de grandes espérances. De la candidate, en l'occurrence. Marine Le Pen triomphe. Elle obtient 17,90 % des suffrages. Ce scénario-là, personne ne l'avait envisagé. Nul n'avait prévu que le chef de l'Etat et la patronne du Front national seraient l'un et l'autre dans la fourchette haute de ce que leur promettaient les sondages. Personne, pas même le principal intéressé, d'ailleurs. Le 18 avril, Nicolas Sarkozy expliquait encore à ses troupes que cinq points fluctuaient entre elle et lui et que tout dépendrait d'eux. Dans son équipe, où les trois dernières semaines ont été si éprouvantes, l'euphorie n'est pas loin. Ou l'aveuglement, peut-être. « La France est super à droite ! », se réjouit Franck Louvrier, son conseiller en communication, hilare. « On va gagner. La France est à droite », lance Brice Hortefeux devant son poste. Enfin, il y croit. Ce n'est pas trop tôt. Jusqu'à présent, l'ex-ministre de l'Intérieur n'avait jamais pensé la réélection de son ami possible. Certains sont tellement contents qu'ils en deviennent blessants. En sortant des réunions qui se sont succédé depuis la fin de l'après-midi, Patrick Buisson rayonne. Sa stratégie était la bonne ! Il ne perd pas un instant pour le rappeler à Nathalie Kosciusko-Morizet, cette porte-parole à qui il a tant à reprocher. « Patrick, ce n'est vraiment pas le moment ! », l'arrête Emmanuelle Mignon.

Maintenant, les estimations du second tour vont bouger, c'est une certitude. Et si ce n'est pas le cas, c'est que les sondages se trompent, comme toujours. Pour les quatorze jours à venir, il n'y a, selon Nicolas Sarkozy, aucun doute à avoir. La campagne du premier tour n'avait pas vraiment flirté avec le centre. Celle du second, contrairement à la tradition, va encore davantage dériver. « Les Français ne lui reprochent pas d'être trop à droite, mais de ne pas l'être assez », déduit de ces chiffres dominicaux Emmanuelle Mignon. Patrick Buisson souligne que le réservoir de voix est d'abord chez Marine Le Pen, plutôt que chez François Bayrou. Ce sont avant tout les électorats FN et UMP qu'il faut fusionner. « C'est cela, la matrice de cette présidentielle », martèle-t-il. Le chef de l'Etat a-t-il besoin d'être convaincu ? Il a immédiatement compris. En 2007, il était celui qui avait provoqué la chute du FN sous la barre des 10 % au premier tour. En 2012, il doit être celui qui sera élu grâce à lui au second.

L'addition s'annonce sulfureuse. Une partie de la majorité sera peureuse. Tant pis. Il est trop tard pour les pleureuses. Place aux travaux pratiques. Lundi midi, Nicolas Sarkozy relit la profession de foi qu'a écrite Emmanuelle Mignon dans la nuit. Déjà auteur de celle de 2007, la major de la promotion René Char de l'ENA a choisi, cette année, de ne pas anticiper sa rédaction, afin d'intégrer l'ambiance dans laquelle s'ouvriraient les deux ultimes semaines. Le moment n'est pas à la modération. Ça tombe bien. Dans l'équipe, Mignon n'est pas vraiment la plus centriste. Une vraie jusqu'au-boutiste, celle-là ! En 2009, si elle a abandonné son poste de directeur de cabinet du président, c'est aussi parce que l'action n'était pas à la hauteur de ses espérances. Maintenant qu'elle est revenue, à la demande personnelle et insistante de Nicolas Sarkozy, elle ne se réfugiera pas dans la demi-mesure. Pourtant, le candidat n'est pas satisfait du texte. Trop long, trop techno. Il s'agit de cibler d'abord les milieux populaires. Par exemple en insistant sur le droit de vote des étrangers aux élections locales que promet Hollande. En fin d'après-midi, Nicolas Sarkozy est à Saint-Cyr-sur-Loire, près de Tours, pour son premier meeting de l'entre-deux-tours. C'est d'abord à ces électeurs qui ont exprimé une « révolte », une « colère », en clair aux 6,4 millions de Français qui ont voté Marine Le Pen, qu'il s'adresse. « Quand on souffre, on a le droit de faire le choix que l'on veut. Je n'ai pas de leçon de morale à donner à ceux qui ont fait ce choix », les excuse-t-il. Leur « message, non seulement j'ai l'intention de l'entendre, promet-il, mais d'en tenir compte ». Entre les électorats du FN, de l'UMP, du centre, le chef de l'Etat récuse toute distinction. Dans sa loge, après être sorti de scène, il relève que certaines parties de son discours sont autant ovationnées sur une terre centriste comme la Touraine que dans le sud-est de la France : ses charges contre l'assistanat, la fraude sociale, l'Europe telle qu'elle fonctionne aujourd'hui. Le lendemain midi, il est dans l'Essonne, à Longjumeau, chez Nathalie Kosciusko-Morizet. Il recommence. A Paris, Jean-Pierre Raffarin ne dissimule pas son inquiétude : « Il trahira toutes les lignes. Il est prêt à tout pour gagner. Si jamais il l'emporte, dans quel état sera le pays ? »

Juste avant son meeting, Nicolas Sarkozy s'est promené dans la ville de sa porte-parole. Dans un café, il a un aparté avec la presse. « S'il y a une candidate du FN, c'est qu'elle avait le droit d'être candidate, argumente-t-il. A partir du moment où vous avez le droit de vous présenter aux élections, vous êtes compatible avec la République. » Marine Le Pen, compatible avec la République ? Nathalie Kosciusko-Morizet voit tous les journalistes se précipiter vers leurs téléphones et leurs ordinateurs. « Je sens qu'on va avoir un problème », devine-t-elle.

3

Paroles de flic

Si même Claude Guéant s'y met... Décidément, on n'est jamais mieux trahi que par les siens. Nicolas Sarkozy est en colère. « Il est plus con que con. Je lui demande de faire le sale boulot. Et, au moment où cela doit payer, il lâche ! » Ce 24 avril, devant quelques hauts dirigeants de la majorité, le candidat s'emporte contre son ministre de l'Intérieur. Les faits qui lui sont reprochés se sont produits en début de matinée sur RTL. Interrogé sur son choix en cas de duel au second tour des élections législatives de juin entre un candidat du PS et un candidat du Front national, Claude Guéant a déclaré : « Je ne voterai pas pour le FN. » La ligne fixée par le chef de l'Etat est pourtant claire : faciliter le report des électeurs de Marine Le Pen sur son nom, le 6 mai.

Au téléphone déjà, il n'a pas caché sa manière de penser à son ancien secrétaire général de l'Elysée. Le locataire de la place Beauvau a tenté de se défendre ; il l'a invité à regarder la seconde partie de la dépêche AFP rendant compte de ses propos. N'a-t-il pas également indiqué : « Je vois mal les électeurs du FN considérer que Monsieur Hollande est celui qui va le mieux défendre la sécurité des Français ou qui va être le meilleur rempart contre l'immigration irrégulière » ? Et puis, lui, il n'est pas Nicolas Sarkozy ! Jean-Michel Aphatie lui a posé à quatre reprises la question, il ne pouvait pas se permettre de fuir une fois de plus.

L'histoire aime se venger. Claude Guéant avait été nommé à l'Intérieur dans le but principal de ramener des électeurs perdus chez Marine Le Pen. C'est tout ce qui lui était demandé. Les mois passés, il était déjà arrivé au président de tancer le premier flic de France. « Quelqu'un peut-il dire à Claude qu'il arrête de faire de la politique et qu'il continue plutôt à arrêter les voleurs ? » C'était quand Monsieur Guéant déclenchait des polémiques en braconnant sur les terres frontistes, mais en se faisant rattraper par la patrouille.

4

« Chirac doit parler »

Plusieurs fois par semaine, vers 18 heures, Jean-Louis Debré a pris l'habitude de se rendre au 119 rue de Lille. C'est là que Jacques Chirac a ses bureaux. Le président du Conseil constitutionnel vient boire un verre avec un homme qui recule chaque jour un peu plus le moment de rentrer chez lui. Avec Bernadette, c'est parfois devenu si pénible.

Ce soir, l'ex-président de l'Assemblée nationale adopte des airs solennels. Il est outré de ce qui se trame. Ce Sarkozy, qu'il n'a jamais porté dans son cœur, ne respecte décidément rien. Il est prêt à tout, y compris à transgresser la sacro-sainte frontière édictée par son prédécesseur entre la droite et le Front national. Comment se taire ? Jean-Louis Debré estime que Jacques Chirac ne peut demeurer inerte. Il voudrait qu'il s'engage, qu'il signe un texte, même bref, pour rappeler qu'il y a des choses qui ne se font pas. Cela ne serait d'ailleurs pas mauvais pour son image qui reste brouillée, pour sa place dans l'Histoire. Dans chaque grand geste se cache toujours quelque intérêt. Il s'en ouvre à l'ancien chef de l'Etat. Celui-ci lui dit qu'il est d'accord. Mais il lui dit toujours qu'il est d'accord. Jean-Louis Debré sait bien que ce n'est pas qu'il faut convaincre. C'est Claude. Et ça, c'est une autre paire de manches. Telle fille n'est pas tel père.

Pour mettre le plus de chances de son côté, il choisit de procéder en deux temps. Il rédige d'abord une longue note, où il expose ses arguments. Une fois que la cadette du couple Chirac l'a lue, il lui téléphone : « Claude, ton père ne peut pas garder le silence. Il faut qu'il rappelle la règle d'étanchéité absolue qu'il a posée entre la droite et l'extrême droite, que la moindre compromission serait mortelle. » Claude reste inflexible. Depuis que la page des ennuis judiciaires de l'ancien locataire de l'Elysée s'est tournée, elle a installé une stratégie de disparition publique progressive. Elle n'entend pas y déroger. Cette sortie ne serait qu'une source d'ennuis si près du second tour. Et puis, de toute façon, « Nicolas » va perdre...

5

L'idéologue et le Téléthon

Patrick Buisson ne sourit jamais. Mais il a en permanence une stratégie en tête. Au sein de l'équipe, il est même le seul. C'est ainsi qu'il s'est emparé du pouvoir. L'ancien militant d'extrême droite qui avait conseillé Philippe de Villiers, Alain Madelin ou même François Bayrou, avant de se consacrer à Nicolas Sarkozy, le directeur de la chaîne Histoire passé par *Minute*, *Valeurs actuelles* ou LCI, a deux alliées : l'Histoire, précisément, et l'idéologie, qui lui permettent de structurer sa pensée. Il ajoute un troisième paramètre : les constats sociaux, car « c'est avec eux qu'on fait de la politique ».

Patrick Buisson ne sourit jamais, sauf, peut-être, quand il découvre les résultats du 22 avril. Sarkozy, 27,18 % ; Marine Le Pen, 17,9 %. A-t-il déjà oublié qu'il ne voyait qu'un moyen de rendre la victoire possible : débouler en tête au soir du premier tour ? François Hollande a pris la première place, mais Patrick Buisson, lui, a repris espoir. Il n'avait jamais cru en Jean-Luc Mélenchon, ce « cache-sexe médiatique ». La France penchait vraiment à droite, il connaissait bien ce sentiment. Marine Le Pen jubilait, il connaissait bien sa famille. En avril 2007, c'est lui qui avait informé Jean-Marie Le Pen de son score au premier tour de la présidentielle. Cette année-là, il avait d'ailleurs déjeuné à Montretout avec père et fille. Cela s'était su. Du coup, en 2012, c'est Brice Hortefeux qui demandait à Jean-Marie Le Pen s'il continuait de rencontrer Buisson. On finissait par s'y perdre.

Pour gagner le 6 mai, Patrick Buisson dégaine aussitôt son plan. Il vise « le prolétariat du tertiaire », ces 10 à 12 millions de personnes deux fois victimes de la mondialisation, en raison du chômage et de « l'insécurité culturelle » qu'elles vivent au quotidien. Devant l'équipe élyséenne, il a détaillé sa démonstration : « Il faut réunir le bourgeois de Versailles et la technicienne de surface des supermarchés. Les ménages en difficulté dans les territoires rurbains et ruraux ont le sentiment d'être abandonnés, c'est là que se situe la vraie misère, pas en Seine-Saint-Denis, où les subventions de l'Etat sont nombreuses et l'économie souterraine florissante. Ces classes moyennes ne sont plus définies par le revenu, mais par une appartenance ethnico-culturelle : c'est ce qu'on appelle le petit Blanc. » Avant la décision finale, il veut attirer ce public, cette France périphérique qui ne croit plus à la promesse politique. Pour y parvenir, il espère avoir trouvé l'arme absolue : le référendum, comme assurance que la parole donnée sera respectée. Napoléon III, de Gaulle, Sarkozy, même combat. « On en revient toujours à André Siegfried et au tempérament en politique. » Foi de stratège ! Mort aux « corps intermédiaires », aux « commentateurs », aux « élites ». Nicolas Sarkozy doit pousser la transgression à son extrême pour ressusciter. Avant le premier tour, Patrick Buisson était allé chercher le gaullien « Aidez-moi » pour conclure les interventions du chef de l'Etat. « C'est le moyen de faire comprendre que tu n'es plus Superman », lui avait-il exposé. Après le 22 avril, Nicolas Sarkozy entame chacun de ses discours par une autre antienne : « Vous êtes inoxydables, vous êtes ininfluençables, vous êtes indécourageables ! » Trois adjectifs, deux néologismes, et un objectif : transformer le show en « Téléthon » – Buisson a toujours eu le sens de la formule. En l'occurrence, un Téléthon évangéliste, avec un chef de l'Etat martyrisé comme le Christ, où le peuple joue les sauveurs.

Les hommes qui ne sourient jamais inquiètent souvent. Les fulgurances du conseiller perturbent, déroutent, affolent. « Cela me rappelle *The Manchurian Candidate*, ce film en noir et blanc avec Frank Sinatra en soldat américain capturé par les Chinois en Corée et soumis à un lavage de cerveau, note un ami d'Alain Juppé. On a vraiment l'impression que Buisson a introduit une puce dans la tête de Sarkozy. » Le président, on le sait, est devenu un nouveau Monsieur Cinéma ; avec son stratège, on a parfois l'impression de regarder *Règlements de comptes à OK Corral*. Lorsque René Ricol[1] fut envisagé pour diriger les opérations, Buisson s'en

1. René Ricol, président d'honneur de l'ordre des experts-comptables, a été commissaire général à l'investissement pendant le quinquennat.

inquiéta : « On ne va quand même pas faire une campagne d'expert-comptable. » Ricol riposta : « On ne va pas faire la campagne d'un gestapiste. » Certains ministres n'en pensaient pas moins, tel François Baroin, qui maugréait contre la présence de cet anti-gaulliste. A quelques jours du verdict, le doute ne s'arrête pas aux portes de l'Elysée. Henri Guaino regrette souvent les excès de son rival en influence : « La meilleure idée poussée trop loin devient une mauvaise idée. L'immigration, c'est un sujet ; en parler au petit déjeuner, au déjeuner, au dîner et la nuit, non ! D'autant que pour se renouveler, on finit par se caricaturer soi-même. »

Face à Patrick Buisson, c'est parfois Nicolas Sarkozy qui perd le sourire. En 2010, il était parti en claquant la porte. Le stratège avait reproché au président, à peine rentré d'un déplacement dans l'Aveyron, d'avoir publiquement évoqué « ses » cigares. Des cigares, signes extérieurs de richesse pour quelqu'un qui ne s'était pas montré avare en la matière ! Le fumeur n'avait pas supporté la remarque. Il avait fallu l'onctuosité de Claude Guéant pour éteindre l'incendie. En avril 2012, une seconde étincelle jaillit. L'institut CSA s'apprête à publier une enquête très défavorable : moins quatre points à dix jours du premier tour. Le candidat choisit alors sa cible, Patrick Buisson : « Ce sont tes amis à CSA, des nuls ! » La campagne touche à sa fin, la fatigue grandit, les nerfs ne sont pas loin de craquer. De part et d'autre. La cible réplique : « C'est toi qui me fais la leçon, toi qui as mis des mecs de gauche partout dans les médias ? C'est toi qui vantes encore l'ouverture, au moment où Fadela Amara et Martin Hirsch appellent à voter Hollande ? » Les murs de l'Elysée tremblent. L'ange qui passe dans la pièce connaît le chemin. Cette fois, la suavité de Carla Bruni-Sarkozy sera requise pour calmer le politologue. Le compte à rebours est enclenché, il n'est plus temps de se disputer.

Faut-il croire aux miracles ? Celui qui a été promu, cinq mois plus tôt, dans la salle ducale du palais du Vatican, sur instruction de Benoît XVI, commandeur de l'Ordre de Saint-Grégoire-le-Grand, a aussi conscience des limites de son champion. Le président a beaucoup déçu. « Sur la sécurité, le régalien, l'immigration, autant de domaines où la crise ne peut tenir lieu d'excuse, les Français considèrent que le compte n'y est pas. » Alors, le candidat va parler à longueur d'intervention du droit de vote pour les étrangers, mais même sur ce sujet, Buisson sait que le chef d'État touche aux « limites de sa crédibilité ». Nicolas Sarkozy a changé d'avis, « il reste un doute sur sa sincérité ». Pendant ce temps, « Hollande est une bassine sous une gouttière » – Buisson décidément aime les formules qui fouettent…

C'est l'heure des derniers arguments. Le lundi 23, le président parle de « la fête du vrai travail », et Buisson confesse : « La créativité sémantique de Nicolas nous déstabilise ! » Le mardi, l'idéologue qui avait suggéré, en 2011, d'inclure la colline de Sion chère à Maurice Barrès dans la liste des lieux symboliques du passé qu'il enjoignait au président de visiter pour incarner la France, a trouvé l'inspiration. Il a préparé un plan.

6

À la vie, à la mort

Les proches du chef de l'Etat se sont posé la question plus d'une fois. Au fait, qui soutient l'autre ? Nicolas Sarkozy et Jean-Michel Goudard constituent un duo singulier. « Il est tout le temps avec moi, parce que je le fais vivre », a remarqué un jour, sans méchanceté, le président. Rattrapé par une grave maladie, menant campagne contre la mort, le G d'Euro RSCG est d'abord un ami, un ami désintéressé – et taiseux, qui plus est. Un chef d'Etat n'en a pas beaucoup.

A l'Elysée, Jean-Michel Goudard a tenté de donner du temps au temps. Il insistait, souvent en vain, pour que ce président pressé marche plutôt qu'il ne coure lorsqu'il sillonnait la province. Il a mis du liant entre ceux qui ne s'entendent pas. Et il a formé avec Patrick Buisson le plus improbable des axes.

Parce qu'il a toujours refusé d'occuper une position officielle dans l'organigramme, le politologue n'a jamais eu de chauffeur à sa disposition. Jean-Michel Goudard en avait un, et une place dans sa voiture. Au fil du quinquennat, les deux hommes se découvrent, se jaugent, s'apprécient. Goudard, ce n'est peut-être pas un élève de Siegfried, mais il a une sacrée expérience de communicant, et il est muet comme une tombe, se réjouit Buisson. Parole d'homme de l'ombre. Tiens, finalement, Buisson n'est pas le démon, observe Goudard ; en plus, ce qu'il propose est clair, simple, voyant, par conséquent efficace. Parole de pubard. Ensemble, à la demande du chef de l'Etat, ils ont réfléchi à l'hypothèse d'un changement de Premier ministre, en novembre 2010 – pas une femme, avait posé comme exigence le donneur d'ordre. « Jean-Louis Borloo est l'élu de Valenciennes et il n est même pas perçu comme le défenseur des victimes de la mondialisation », nota Buisson après audition de l'impétrant. Exit Borloo. Reconduction de bail pour Fillon.

Que le 6 mai approche et cela confère à Goudard un rôle particulier. Il avait déjà pris l'habitude d'être celui qui transmettait les messages difficiles à entendre. Il devient celui qui veille sur la psychologie du candidat, qui l'accompagne au fur et à mesure que le verdict approche. Quand, à quelques jours du débat, l'UMP, partant du principe que tous les coups sont permis, s'apprête à lancer une attaque sur le net sur la vie privée de François Hollande, il l'arrête. Inutile de nuire, par ricochet, à la réputation du président. Réussir une sortie honorable est désormais un but en soi. Avec Buisson, en janvier 2012, il a persuadé Nicolas Sarkozy d'accélérer sa déclaration de candidature. Il sera celui qui compose le chant du départ. Ainsi va la vie.

7

Est-ce ainsi que les candidats meurent ?

Plonger dans le vide en s'élançant droit devant soi, les bras écartés, les jambes réunies arquées en arrière. Spectaculaire, risqué, mais efficace dans une compétition de natation : on appelle cela « le saut de l'ange ». Un homme va pousser le candidat à réaliser cette figure acrobatique pour renverser la situation. Simplement, parce qu'il se nomme Patrick Buisson, on y verra plutôt la main du diable.

Le 24 avril, le chef de l'Etat se rend sur France 2 et à Longjumeau. Une journée de candidat presque banale en apparence. Dans la coulisse se joue une tout autre histoire : ce mardi peut-il changer la face de l'entre-deux-tours ? Patrick Buisson n'est pas visible, il s'est isolé une bonne partie de la matinée. Il ne s'est extrait de sa solitude que pour échanger longuement avec Jean-Michel Goudard, puis avec Pierre Giacometti. Il se passe quelque chose, certains conseillers le devinent. Des notes circulent. Un coup se prépare-t-il ? Buisson ne songe surtout pas à singer le Jacques Chirac de 1988, quand le chef de gouvernement et candidat à l'Elysée envoyait des troupes libérer des gendarmes retenus en otages par des Kanaks sur l'île d'Ouvéa, en Nouvelle-Calédonie. La prise d'assaut eut lieu cinq jours avant le second tour de la présidentielle, sans rien changer à l'issue : François Mitterrand fut réélu triomphalement. Mais Nicolas Sarkozy doit bouger, sinon il est condamné. Et il ne peut pas se contenter de paroles, de « déclamatoire », dixit Buisson. Dans sa bouche, ce n'est pas un compliment. Il en est persuadé, pour l'électorat du FN plus encore que pour tous les autres, le problème numéro 1 du président est celui de la crédibilité – excusez du peu. De toutes les études qu'il a épluchées, il tire une conclusion majeure : « L'envie d'être séduit réactive la peur d'être trompé. » Il faut donc des actes, des preuves, des engagements. Des référendums. Pour dire aux

Français : « Vous serez les gardiens de ma parole. »

Qu'importe s'il y a cinq ans, le chef de l'Etat soutenait une thèse exactement contraire ! « Croyez-vous que, si je suis élu, je vais aussitôt dire aux Français : "Excusez-moi, j'ai besoin de vous demander votre avis sur un autre sujet" ? », argumentait-il dans *L'Express* du 29 mars 2007. Depuis le début de cette campagne, le stratège a déjà convaincu le candidat d'en proposer deux : l'un, sur la formation professionnelle, programmé pour la fin de l'année, impossible à avancer, pour ne pas vexer encore davantage des syndicats déjà furibards ; l'autre, sur le droit des étrangers, afin que la juridiction administrative soit la seule compétente en matière d'immigration. Problème : la question paraît bien complexe. D'ailleurs, avant même que l'idée soit dévoilée, dans une interview accordée par le chef de l'Etat au *Figaro Magazine* en février, Emmanuelle Mignon avait émis des réserves. « Ne me faites pas chier, Emmanuelle, c'est une manière de dire qu'il y aura un référendum sur l'immigration » : la réplique présidentielle avait été sèche. Dans deux semaines, il sera trop tard pour avoir des regrets. Ne faut-il pas, en gage de bonne foi, accélérer et convoquer le référendum dès le lendemain de l'élection ? Ne faut-il pas éviter de « passer à côté de la plaque », comme dit Buisson, donc le simplifier et lui donner une tournure plus spectaculaire ? Demander aux Français de valider la division par deux du nombre officiel d'entrées sur le territoire ? Plus facile à dire qu'à faire.

Il est un autre sujet qui pourrait être résolu par un référendum. C'est l'introduction d'une part de proportionnelle pour les élections législatives. Soit une promesse du candidat Sarkozy… de 2007. L'obligation d'aller plus loin que la déclaration d'intention s'impose. Selon le politologue, la réforme serait porteuse d'un signal primordial adressé à un électorat populaire en déshérence : « Vous ressentez une absence de considération sociale. Nous allons vous garantir une représentation politique et humaine. Comme les autres, vous avez le droit d'être représentés, vous le serez. » Là encore, plus facile à dire qu'à faire. L'UMP, dans sa grande majorité, y est hostile. Le chef du gouvernement, François Fillon, aussi. Le ministre des Affaires étrangères, Alain Juppé, tout autant. Tous y voient un facteur de déstabilisation de la Ve République. Voilà qui n'est pas de nature à freiner les ardeurs de Buisson. En revanche, l'obstacle technique est immense. Emmanuelle Mignon a retourné la question dans tous les sens. Depuis plusieurs semaines, elle multiplie les notes. Le nombre de députés est désormais inscrit dans la Constitution, c'est assurément absurde, mais cela date de ce quinquennat et de la révision de 2008. Pour agir, là encore très rapidement, une alternative : proposer, et pourquoi pas dès le 10 juin, date du premier tour des législatives, un référendum constitutionnel afin d'introduire une dose de proportionnelle pour le scrutin suivant. Ou, à défaut, organiser, autour du président nouvellement élu, une consultation de l'ensemble des partis, tout en repoussant à l'automne la convocation des législatives.

Ce mardi, la réunion de l'équipe de campagne ne ressemble à aucune de celles qui l'ont précédée. Quand Patrick Buisson prend la parole, chacun a bien conscience que se joue à cet instant un moment singulier. Sauf que Buisson, aujourd'hui, ne fait pas du Buisson. Moins tranchant qu'à l'accoutumée. Il sait que le contexte est difficile, qu'il s'avance seul. S'il a expliqué au président que, d'après ses propres calculs de reports de voix appliqués aux résultats du premier tour, François Hollande obtiendrait le 6 mai 52 % et lui 48 %, il rêverait qu'un sondage reproduise ce score. Cela modifierait la psychologie du candidat. Il est certain que Nicolas Sarkozy validerait alors sans hésitation ses propositions : « C'est quand on a le vent dans le dos que l'on transgresse, pas quand il souffle de face. » Or les enquêtes que la presse publie continuent de marteler ce 55 %/45 % peu encourageant. Pierre Giacometti a également prévenu Buisson avant d'entrer dans le salon vert du palais de l'Elysée, il est sceptique sur l'efficacité d'une telle opération : « Ce genre d'initiatives provoque l'inverse de l'effet recherché. Le citoyen de 2012 n'est plus celui des années 1980, il décèle immédiatement la manœuvre. » Emmanuelle Mignon observe le stratège, elle croit remarquer qu'il s'autocensure. Comme s'il savait, lui aussi, que ce coup de poker n'empêcherait pas la défaite, comme s'il l'avait, lui aussi, acceptée.

Patrick Buisson développe son « offre politique » fracassante. Depuis dimanche, il a commencé à la tester auprès de Nicolas Sarkozy, il a énuméré une série de cas de figures, il a jaugé ses réticences. Jean-Michel Goudard, plus silencieux que jamais, scrute la réaction du président. Il lui est arrivé d'alerter le chef de l'Etat sur tout ce qui risquait de donner l'impression d'un happening permanent. Ce soir, il doute que la victoire soit encore au rendez-vous.

Nicolas Sarkozy a écouté, il intervient rapidement. « Ça va, je m'en suis pris suffisamment. » Est-ce ainsi que les candidats meurent ? Il a construit sa légende sur le volontarisme, a-t-il intégré maintenant son échec ? Sur l'immigration, doit-il vraiment aller encore plus loin, plus fort, plus vite ? Instaurer une dose de proportionnelle dès 2012, il a toujours estimé que c'était impossible. Repousser la date des élections, il y est réticent. Il n'a jamais répondu aux notes que lui a transmises Emmanuelle Mignon sur ce point. Il garde un si mauvais souvenir de l'épisode de 2007, lorsque, en l'espace de six semaines, la majorité présidentielle qu'il pensait irrésistible autour de lui – grâce à lui – avait fondu pour déboucher sur une majorité législative plus fragile. La seule certitude qu'il ait, c'est qu'il se réinvestira personnellement dans la campagne des députés si lui-même l'emporte.

« On en reparlera demain », conclut le président. Patrick Buisson n'a rien à ajouter. Ils n'en reparleront jamais.

Dès que la réunion sera terminée, Jean-Michel Goudard confiera à Buisson : « Pendant que tu parlais, je le regardais. Ce que tu dis, il n'a pas envie de l'acheter. Si tu reviens à la charge, tu vas l'affaiblir. » Le jeudi, le politologue ne se mentira plus : « Il a refusé, je me battrai jusqu'au bout, mais c'est perdu. »

8

Dix Français en colère

Il y a urgence. C'est une catastrophe. En cette fin d'après-midi du 24 avril, dix Franciliens installés dans une pièce d'un grand appartement de l'avenue de l'Opéra, à Paris, se sentent insultés. Choqués par l'expression de « vrai travail » utilisée depuis la veille par Nicolas Sarkozy. Ils sont pourtant plutôt de droite. Or tous s'estiment pointés du doigt. Comment distingue-t-on les « vrais » travailleurs des Français qui, comme eux, ont l'impression de bien faire leur travail ? Derrière la vitre sans tain, le conseiller opinion de l'Elysée les observe. Jean-Baptiste de Froment s'empare de son téléphone. Il envoie des SMS à Guillaume Lambert et à Emmanuelle Mignon pour les alerter de l'ampleur du problème. La veille, au comité politique où le candidat avait pour la première fois employé la formule pour qualifier le rassemblement parisien qui se tiendrait le 1er mai au Trocadéro, tout le monde avait pourtant trouvé ce qualificatif très bien.

Dans le jargon, on appelle cela un focus group. Depuis le début du quinquennat, c'est cette technique qui a été privilégiée par l'équipe du chef de l'Etat pour connaître les aspirations des Français. Le principe est basique. Il s'agit de réunir un groupe de dix personnes et de leur soumettre un sujet de discussion sur lequel ils vont échanger durant trois heures. C'est une vieille technique qui sert dans le marketing, notamment pour tester un produit avant de le lancer. Règne de la com' oblige, la recette s'est étendue à la politique. Elle permet de repérer les forces et les faiblesses d'un candidat, l'efficacité d'un slogan, le degré d'acceptation d'une mesure. Pour le compte de l'Elysée – où la loi de l'opinion n'est pas la moins forte –, c'est l'Ifop qui en a la charge. En moyenne, quatre focus groups sont commandés chaque mois. A Paris, et aussi à Lille, Lyon, Dijon, Marseille. Lorsqu'il a fallu prendre le pouls de la France plus périphérique, ce fut le tour de Laval ou Douai. Chacun coûte 6 000 euros.

Longtemps, y compris pendant les dernières semaines de campagne, les jugements sur François Hollande y demeurèrent désastreux. Dans l'une des ultimes enquêtes menées, les citoyens interrogés jugeaient ainsi que le socialiste ne cherchait pas à « convaincre » mais à « amadouer ». Ce fut pour la présidence de la République une véritable source de réconfort, alors que les sondages d'intentions de vote promettaient tous une défaite spectaculaire.

Au total, entre les deux tours, une petite huitaine de focus groups est organisée pour le compte du candidat. Ce sont principalement des électeurs de Marine Le Pen, accessoirement ceux de François Bayrou, qui sont conviés. Un constat se dégage. La fermeté du discours du président passe très bien auprès de ces deux électorats qu'il serait erroné d'opposer : ils estiment conjointement qu'il y a trop de fonctionnaires, rejettent l'assistanat, estiment qu'en matière d'immigration et d'insécurité, Nicolas Sarkozy a échoué. Un panel est invité à regarder le passage du chef de l'Etat au 20 Heures de TF1, le 25 avril. Point positif : autour de la table, on reste bluffé par la performance de l'acteur. Point négatif : bien que le locataire de l'Elysée conserve une vraie capacité de séduction, celle-ci est entachée par un sérieux problème de confiance. C'est particulièrement le cas chez les électeurs frontistes. S'ils sont en accord avec quasiment tout ce que dit le président, ils ont le sentiment d'avoir été trahis plus d'une fois depuis 2007. Toute la quadrature du cercle sarkozyste est là.

9

Islam

Et s'il fallait oser ? Camille Pascal est arrivé dans l'équipe élyséenne en janvier 2011, pour écrire des discours, tisser des liens avec le monde intellectuel et s'occuper de l'audiovisuel. Le chef de l'Etat s'enticha vite de cet ancien proche de Dominique Baudis et de François Bayrou. Les derniers convertis sont toujours les plus zélés. Dans cet entre-deux-tours, le centriste a une idée pour sortir de cette quadrature du cercle. Une idée plutôt carrée : Nicolas Sarkozy doit annoncer que, s'il est réélu, il proposera à Marine Le Pen le ministère de l'Intérieur. Camille Pascal n'énoncera jamais à voix haute cette piste devant le chef de l'Etat. Il s'en ouvrira dans d'autres réunions plus intimes : « Jouer le père de la nation, ça n'a pas marché. On l'aurait vu plus tôt si c'était le cas. »

Le président, au rebours de ses prédécesseurs, a choisi de ne pas miser sur l'unité nationale. Il a sa stratégie, et cela n'a rien à voir avec une perche tendue à Marine Le Pen. S'il n'entendra pas parler de la solution de Camille Pascal, s'il a retoqué celles de Patrick Buisson, il sait que la priorité est d'imposer ses thèmes de campagne. Non, son thème de campagne. L'immigration ? Il a déjà usé de cette carte en 2007, alors il se montre plus précis : ce sera l'islam. Une succession d'enquêtes a prouvé un raidissement spectaculaire de l'opinion. En janvier 2011, *Le Monde* a publié un sondage selon lequel 42 % des Français estimaient que « la présence d'une communauté musulmane en France constitu[ait] une menace pour le pays ». Le chef de l'Etat, dont les réponses à la crise peinent à convaincre lors de ses interventions télévisées, recueille, en revanche, une forte approbation quand il se prononce, en novembre 2011, pour « des lieux de culte pour les musulmans », mais contre « des minarets ». Et un réel soutien lorsqu'il martèle, pour ses vœux du 31 décembre, que la loi interdisant la burqa sera « appliquée dans l'esprit comme dans la lettre ». L'islam fait peur, il faut donc associer François Hollande à l'islam. Le cadre est tout trouvé : le mercredi 25 avril, le chef de l'Etat est l'invité du journal de 20 Heures de TF1. Non seulement il consacre la moitié des 18 minutes d'interview à aborder la question de l'immigration, mais il cible son propos. Il a préparé son coup. L'offensive commence dès la quatrième minute : « Que dit François Hollande quand Tariq Ramadan ose appeler à voter pour lui, Tariq Ramadan, l'homme avec qui j'ai débattu, souvenez-vous, il proposait un moratoire sur la lapidation de la femme adultère, c'est monstrueux, voilà un homme qui appelle à voter pour François Hollande, je n'ai pas entendu François Hollande dire que ça le gênait ? » Le lendemain, l'intellectuel suisse, professeur d'études islamiques contemporaines à l'université d'Oxford, conteste formellement, auprès de l'AFP, avoir donné une telle consigne et se déclare « insatisfait des deux candidats à l'élection présidentielle ». Le soir, sur France 2, le chef de l'Etat persiste. Il est accusé de mensonge par la gauche et une bonne partie de la presse.

Jusqu'où aller pour gagner ? A droite, promettre des lendemains qui chantent n'est pas dans les habitudes de la maison. Jusqu'où attaquer, quitte à se salir ? Nicolas Sarkozy aime les images vestimentaires. On ne remporte pas une élection avec des « gants blancs », on n'a « pas peur des accrocs au costume ». Désormais, la victoire est plus importante que les conditions de la victoire. Sur TF1, le chef de l'Etat trouve un autre moyen de transformer son adversaire en candidat de l'islam : « Je vois sur le site d'un journal de gauche un appel de 700 mosquées à voter pour M. Hollande, on ne lui pose pas la question ? » L'un des journalistes, François Bachy, l'interrompt : « Le CFCM (Conseil français du culte musulman) a démenti. » Nicolas Sarkozy reprend la main avec une formule délibérément ambiguë : « Le CFCM, le recteur de la mosquée de Paris a dit que c'était un scandale. » Où est le scandale, dans le prétendu appel ou dans la manipulation ? Deux jours avant le premier tour, *Marianne 2*, sous le titre « Des recteurs de mosquées vont appeler à voter pour François Hollande », cite « un réseau qui devrait se mobiliser en faveur du candidat socialiste », à l'initiative de l'ancien conseiller pour la diversité... de Nicolas Sarkozy, Abderrahmane Dahmane. L'équipe du candidat est dans l'improvisation la plus totale. « Est-on sûr que le fait est avéré ? », s'interroge Henri Guaino. « Il n'a jamais été démenti », remarque Franck Louvrier. Ils sont plusieurs à persuader le chef de l'Etat de lancer cette offensive, ne serait-ce que pour répondre aux insultes qu'il reçoit. Nicolas Sarkozy, qui passe son temps à critiquer la presse, reprend ainsi à son compte, en plein journal télévisé, une information sur la foi d'un simple article, sans avoir procédé à la moindre vérification, et lui donne un maximum de retentissement. « Chaque semaine, admettra après coup Claude Guéant, nous recevons un rapport sur les prêches tenus dans les mosquées, afin d'en mesurer la tonalité. Sur ce sujet, nous n'avons rien eu. »

*

Le samedi 28 avril, Nicolas Sarkozy confie : « Le vote des immigrés, j'ai un truc, ça marche ! » Dans le passé, il a défendu le principe du droit de vote des étrangers aux élections locales. Pour justifier son changement d'avis, il a recours à un argument – l'islam, bien sûr – qu'il met en avant grâce à une évolution sémantique. Lors du débat télévisé, quatre jours plus tard, il décide d'évoquer « un vote communautariste et un vote communautaire », puis parle du droit de vote des « immigrés », sans jamais employer l'expression « droit de vote des étrangers ». Il développe ensuite son raisonnement : « On a eu une montée des tensions communautaires extravagante, on a eu une radicalisation et une pression, disons les choses comme elles sont, d'un islam en France alors que nous voulons un islam de France. (...) Contester que le droit de vote aux immigrés, c'est un droit de vote qui ira d'abord à une communauté d'Afrique du Nord, ou à une communauté subsaharienne, c'est ne rien connaître aux flux migratoires. (...) De l'autre côté de la Méditerranée, l'Algérie, c'est musulman, le Maroc, c'est pour l'essentiel de religion et de confession musulmanes. Le roi est quand même le commandeur des croyants ! Et la Tunisie, c'est pareil. »

*

Bientôt le 6 mai, bientôt... les législatives en Algérie. Cela fait un certain temps que Patrick Buisson a une note sur la concomitance des deux élections. En Méditerranée, les serpents de mer ne meurent jamais. La révision des accords conclus avec ce pays depuis 1962, facilitant les conditions d'entrée sur le territoire français, aura hanté le quinquennat. Claude Guéant, alors secrétaire général de l'Elysée, s'est rendu à deux reprises dans le pays ; Brice Hortefeux, ministre de l'Intérieur, a annulé à la dernière minute un voyage à Alger. A la veille du premier tour, le 13 avril, le candidat avait indiqué qu'« il faudra[it] sans doute renégocier un certain nombre d'accords avec des pays amis ou voisins, je pense notamment à l'Algérie ».

Géopolitique ou politicaillerie ? Deux jours plus tôt est mort Ben Bella, le premier président de l'Algérie indépendante. Quand un ancien chef d'Etat décède, c'est généralement l'Elysée qui réagit. Le Quai d'Orsay rédige un courrier, qui atterrit sur le bureau de Nicolas Sarkozy. Le 14 avril, le candidat doit se rendre au camp de Rivesaltes, qui servit de lieu de regroupement des harkis et de leurs familles après la guerre d'Algérie. « Ce n'est pas la peine d'y aller s'il salue la mémoire de Ben Bella », prévient Patrick Buisson, soutenu en cette occasion par Xavier Musca. Le président ne signera pas de communiqué. Buisson s'est battu sur un autre front. Quand l'organisation, au musée de l'Armée, à partir du 16 mai 2012, de l'exposition « Algérie 1830/1962 », qui revient sur 132 ans d'histoire de la France dans ce pays, a été menacée, il a saisi le chef de l'Etat et obtenu satisfaction : elle est maintenue.

Les peuples ont de la mémoire. Les électeurs aussi. Dans l'entre-deux-tours, Nicolas Sarkozy mêle dans de mêmes envolées la condamnation d'horaires réservés aux femmes dans les piscines, le refus de la viande halal dans les cantines et la dénonciation de l'excision. Une étude menée le 6 mai auprès de 10 000 votants par OpinionWay et Fiducial pour *Le Figaro* révélera que 93 % des musulmans ont voté pour François Hollande.

10

Le dossier jaune

Au début de l'interview, la table en verre est vierge. Le 26 avril, Nicolas Sarkozy succède à François Hollande dans « Des paroles et des actes », sur France 2. Après quelques minutes d'entretien, sont diffusés des extraits de ses discours. Retour sur le plateau. Le président a sorti son stylo. Devant lui, il y a désormais un dossier jaune. Il vient de le récupérer. En sortant de sa loge, il l'avait remis à son officier de sécurité, en même temps qu'il lui laissait son téléphone portable. Près d'une heure a passé lorsqu'il aborde la fameuse affaire Ramadan. C'est lui qui lance le sujet : « La preuve a été apportée que M. Ramadan se mobilise contre moi et soutient M. Hollande. » La preuve ? Va-t-il ouvrir son dossier jaune ? A l'intérieur, il y a glissé une note émanant de la Direction centrale du renseignement intérieur, la DCRI. Trois agents ont retranscrit le verbatim d'une réunion publique qui s'est tenue à Lyon, le 11 mars, dans le cadre du Printemps des quartiers. Intitulée « Mise en cause des lois de la République lors d'une conférence sur les thèmes justice sociale, Palestine et islamophobie », la fiche, si elle est sans ambiguïté sur l'appel à « un certain communautarisme », est moins explicite que ce qu'en rapporte le candidat sur les termes de Ramadan concernant l'élection.

A l'Elysée, la séance de préparation de l'intervention télévisée a tourné au casse-tête : comment utiliser un document dont personne jusqu'à présent n'a eu connaissance ? Les avis divergent. Emmanuelle Mignon considère qu'il est temps de mettre un terme aux accusations de mensonge. « C'est l'arme atomique », relève Patrick Buisson. Le président de la République ne sera-t-il pas jugé avec sévérité s'il exploite à la télévision un travail réalisé par les services de l'Etat et destiné à demeurer confidentiel ? « Un candidat ne peut pas avoir un comportement identique quand il est dans la conquête du pouvoir et quand il l'exerce », plaide Pierre Giacometti.

Une solution intermédiaire est envisagée : dès lors que Nicolas Sarkozy serait accusé de déformer la réalité, il indiquerait qu'il a la note sous le coude, « Ne m'obligez pas à la sortir ».

« La preuve a été apportée... » C'est le moment. Les journalistes David Pujadas et Fabien Namias le coupent. Le chef de l'Etat enchaîne : « Je maintiens... » Ça y est, il va lancer « l'arme atomique » ! Il cite une dépêche de l'AFP « de 18 h 17 » – qui n'existe pas, il s'emmêle les pinceaux sur l'heure de celle-ci. Et après ? Rien, aucune allusion à la note. « Six mois de sondages très mauvais créent une inhibition, constate Patrick Buisson. Cela n'aurait pas arrêté le candidat de 2007. Celui de 2012 est président, il n'a pas la même latitude. S'il l'avait sortie, il lui aurait été reproché d'être "un président prêt à tout". » « Il veut à la fois renverser la table et se protéger », décrit Camille Pascal. « Au fond, ajoute Pierre Giacometti, Nicolas Sarkozy est assez sage durant cette campagne. Le problème, c'est qu'il ne l'a pas été pendant les deux premières années de son mandat. »

Le rôle du hasard étant de bien faire les

choses, le document finit par être publié dans la foulée de l'émission de France 2, en toute fin de soirée, sur le site Atlantico, dont le directeur de la publication est un proche de Patrick Buisson. Des conseillers du chef de l'Etat auraient volontiers privilégié *Le Figaro* pour relayer l'information. Ils auraient surtout voulu que le candidat osât en parler. Dans les premiers instants de l'interview, en réponse à une question sur un mensonge d'estrade[1], ils l'ont entendu se défendre avec une franchise confondante : « Dans un meeting, ça faisait mieux de dire "J'ai été à Fukushima" que de dire "J'ai été à Tokyo pour parler de Fukushima". » Ils découvrent maintenant un homme qui ne lâche plus ses coups. On leur a volé leur Sarkozy. Que se passe-t-il dans sa tête ?

1. A deux reprises, Nicolas Sarkozy a affirmé qu'il s'était rendu à Fukushima, où a eu lieu un accident nucléaire en mars 2011.

11

L'insoutenable légèreté de l'être

« Nicolas Sarkozy est hanté par lui-même. C'est bien le problème de son quinquennat, son rapport à lui-même. » Celui qui le dit n'est pas le plus mal placé pour le juger : depuis des semaines, il l'observe plus que tout autre. Et si François Hollande voyait juste ? A l'approche du jugement, *La confusion des sentiments* n'est pas qu'un livre que le président a découvert tardivement.

Lequel faut-il écouter ? Lequel faut-il croire ? Le challenger qui se pense irrésistible ? « On va gagner, je vous le dis », affirme, jusqu'à la veille du scrutin, Nicolas Sarkozy devant tous ceux qui veulent l'entendre. « On va l'exploser. Ceux qui se décideront à la dernière minute iront voter pour moi », certifie-t-il encore à son fils Jean, le 27 avril, dans l'intimité de son bureau élyséen. Lequel faut-il écouter, lequel faut-il croire ? Le candidat qui reconnaît être parfois un peu désarçonné par la tournure du combat ? « Je fais du monde partout. 9 000 personnes à Dijon ! C'est incroyable. Je n'y ai jamais fait autant, relate-t-il le 28, au lendemain de son meeting en Côte d'Or. Il va forcément se passer quelque chose... Ou alors je ne comprends plus rien. » Faut-il écouter l'homme qui jure aimer cette campagne et la préférer même à celle de 2007 ? Certains n'ont de cesse de rappeler devant lui la « magie » d'alors, il les corrige aussitôt : « Merci, mais moi, je ne sentais que les difficultés. » Dans sa tête, la crise conjugale avec Cécilia a effacé l'exploit électoral (après deux mandats de Jacques Chirac, la logique était que la gauche l'emportât). Ou faut-il croire le chef de l'Etat à l'envie émoussée ? Un jour, à Nicolas Bazire, si proche de lui, il confie : « Je me présente, parce que c'est comme ça. Mais qu'est-ce que ça va m'apporter ? J'ai été président, et je l'ai fait avec une rare intensité. »

Depuis le 22 avril, il respire un peu. C'est le premier tour qui le tétanisait. Le sortant craignait un résultat humiliant. Il avait assisté au destin tragique de Gordon Brown et de José Luis Zapatero, les chefs des gouvernements britannique et espagnol, qui avaient affronté, comme lui, la crise. Avec ses ministres, il y revenait souvent : « Tu imagines, Zapatero n'a même pas été en situation de se représenter... » Le Français savait bien ce dont un peuple régicide est capable. « Royal s'est rendu compte que les 17 millions de gens qui avaient voté pour elle ne lui appartenaient pas », assénait-il à l'abord de la compétition, se référant au score pitoyable de la présidente de la région Poitou-Charentes à la primaire socialiste. Pour se rassurer, il se raccrochait à tout. « Chacun de nous, on a un morphotype. Les Français ne nous jugent pas à l'aune des mêmes critères, développait-il en Guyane en janvier. Des scandales ont mis en cause la probité de Chirac pendant toute sa vie politique. Cela ne lui a jamais posé de problème. Quand Balladur a eu GSI[1], cela l'a

1. Président de la Générale de service informatique de 1977 à 1986, l'ancien Premier ministre en deviendra le conseiller de 1988 à 1993. Ses conseils seront rémunérés 100 000 francs par mois, ainsi qu'en actions qu'il revendra en 1993, réalisant une plus-value de 2,5 millions de francs. Révélées en 1995, ces sommes feront scandale.

assassiné. En revanche, si Chirac avait fait quelque chose de très méchant à quelqu'un, on lui en aurait tenu rigueur. » Lui pensait que les Français aimaient toujours, quoi qu'ils disent, son hyperactivité, sa combativité, qu'un lien particulier demeurait entre eux et qu'ils ne voudraient pas le casser. Il se raccrochait à tout. Et parfois à n'importe quoi. Fred Vargas, une copine de Carla, lui avait certifié qu'elle voterait pour Jean-Luc Mélenchon au premier tour et en sa faveur au second. Il en faisait quasiment un élément de science politique et prétendait que la créatrice de Jean-Baptiste Adamsberg était loin d'être un cas isolé. Pourtant, dans les enquêtes d'opinion, rien, vraiment rien, ne le démontrait.

Le premier tour est passé, l'honneur est sauf. Les notes que lui ont adressées Jean-Michel Goudard et Pierre Giacometti ne masquent néanmoins pas la réalité. Tous les soirs entre 22 et 23 heures, le candidat appelle Brice Hortefeux, l'ami de trente ans. Le député européen essaye toujours de trouver quelque chose de positif à lui glisser. « Je n'invente rien. Je sélectionne », confesse-t-il à un proche. Ni le chef de l'Etat, ni l'ancien ministre de l'Intérieur, ni ceux qui connaissent bien leur relation ne sont dupes. Si le président agit de la sorte, ce n'est pas très bon signe. La nuit tombée, il téléphone également à Patrick Buisson, de moins en moins stratège, de plus en plus confident au fur et à mesure que la fin se profile.

« L'âme et le corps » : Milan Kundera, désormais l'un de ses auteurs de chevet (il évoque sans cesse *Risibles Amours*), nomme ainsi deux parties de *L'Insoutenable Légèreté de l'être*. Après cinq ans à l'Elysée, dix ans en haut de l'affiche, Nicolas Sarkozy est un homme que la lassitude guette. Il est fatigué, susceptible. Il faut gérer cela. Le 26 avril, lorsqu'il participe à « Des paroles et des actes », son équipe prend soin, cette fois-ci, de disposer, à portée de main, d'un ustensile essentiel : une télécommande. Lorsqu'il était venu deux semaines plus tôt, quatre autres prétendants à l'Elysée étaient interrogés. Attendant son tour dans une loge, il avait demandé, exigé qu'on éteignît la télé. Pas envie d'entendre tous ces politiciens. Ce fut la panique, personne n'avait le boîtier magique. Le chef de l'Etat s'était agacé. Un conseiller courut pour tenter d'en trouver un. Pendant ce temps, un autre essayait carrément de débrancher les fils...

Le silence n'est pas forcément de mise. Dans les avions du candidat, il arrive que l'on chante avec Didier Barbelivien. « La légèreté et la pesanteur », disait aussi Kundera... Dans les ultimes moments, le chef de l'Etat a-t-il peur de perdre ? Tous l'observent. Tous ont un avis. Il y a ceux qui pensent – Pierre Giacometti, François Baroin – qu'il a intégré depuis bien longtemps la défaite ; ceux qui estiment – Brice Hortefeux – que sa volonté l'emporte encore la plupart du temps sur sa lucidité ; ceux qui le soupçonnent – Xavier Bertrand – d'avoir cru, comme d'habitude, qu'il parviendrait à renverser la table. « Sarkozy est un cancérologue qui regarde la radio de ses propres poumons et se dit : “Je ne vais peut-être pas mourir” », constate un élu. Un autre : « La présidentielle est son élection, il connaît la circonscription France comme personne. Il est nul en municipales, en régionales, mais ce scrutin-là, il le sent. »

Ont-ils compris, ces élus, que le chef qui les mène à la bataille n'est plus le même homme que celui qui les avait conduits à la victoire en 2007 ? Se sont-ils aperçus qu'au sommet du pouvoir, le président a découvert les affres du monde... intérieur ? Durant son quinquennat, un collaborateur l'a surpris lisant l'*Introduction à la psychanalyse* de Freud. « Un jour, il m'a dit qu'il était allé voir un psy, une femme », rapporte Jean-Louis Borloo[1]. Dans l'Airbus présidentiel qui les ramenait du Mexique en janvier 2009, il a écouté Carla et Bernard Kouchner débattre longuement du roman *Et Nietzsche a pleuré*, d'Irvin Yalom, qui imagine la rencontre du philosophe avec Freud (encore lui). La peur de perdre ? Et s'il tentait de se convaincre que ce ne serait qu'un « chagrin de passage » ? Avant Kundera, le président a beaucoup lu Sagan. Il a toujours aimé les titres qu'elle choisissait.

1. In *Le Naufragé* de Benjamin Sportouch et Jérôme Chapuis (Flammarion).

12

K.-O.

Un discours de plus. Avant son meeting de Clermont-Ferrand, le samedi 28 avril, il a simplement écrit quatre mots sur une feuille à l'encre rouge. Il préfère improviser : « La vie et la mort, c'est un mystère. Pour les uns, c'est un miracle, pour les autres, c'est un hasard. » Suit un cocktail. Brice Hortefeux a invité quelque 150 personnes. Mais il ne veut pas embêter le candidat. Mediapart affirme cet après-midi que, selon un document officiel libyen, le régime de Kadhafi aurait décidé de débloquer une somme de 50 millions d'euros pour financer sa campagne de 2007. Alors il demande à Jean-Pierre Raffarin de saluer les notables. « Tu veux que je le fasse ? » Nicolas Sarkozy est de bonne humeur, il y va. Serre les mains des uns et des autres. Longuement. Une dernière photo avec un enfant, puis le chef de l'Etat s'apprête à remonter dans sa voiture. Et là… Son visage est livide, ses yeux perdus dans le vide. Hagard. Dans huit jours, la défaite.

13

Le cœur des hommes

Ce fut une première semaine Buisson ? Il veut maintenant sa semaine ! A Toulouse, le 29 avril, Henri Guaino n'était pas mécontent de lui : le candidat avait prononcé le mot « frontières » à 79 reprises. 79 fois en une heure, *Le Livre des records* n'était pas loin. « Un beau discours », s'autocongratule-t-il. Même Buisson avait approuvé le concept, c'est dire… Alors, sur l'esplanade du Trocadéro, tout à l'heure, il s'agit de ne pas louper le coche. Pour l'une de ses dernières allocutions, Nicolas Sarkozy doit accomplir un geste pour équilibrer une offensive d'entre-deux-tours qui l'est si peu. Lorsqu'ils ont évoqué tous les deux ce qu'Henri Guaino avait en tête, le président s'est montré plutôt ouvert. Dans son projet de texte, la plume l'a donc écrit noir sur blanc : « Je propose d'étendre la CMU aux handicapés et aux bénéficiaires de petites retraites. » Mais, en ce matin du 1er mai, la partie est loin d'être gagnée. Il est 10 h 30. A l'Elysée, le discours est passé au crible. Autour de la table, plusieurs conseillers sont vent debout contre cette mesure. La France n'en a plus les moyens : quatre milliards, c'est beaucoup trop. Et c'est beaucoup trop tard : pareille annonce ne sera-t-elle pas d'abord interprétée comme un signe de panique, si près du second tour ? Buisson, lui, n'aime pas tout ce qu'il lit. Il juge l'ensemble du propos, conçu comme un hymne à la France qui travaille, trop plat. Guaino s'énerve : « Ça suffit maintenant. Il faut que le président retrouve un peu de hauteur… »

L'après-midi, la tour Eiffel se dresse derrière le chef de l'Etat, une foule impressionnante de drapeaux tricolores s'agite devant lui. La scénographie est si grandiose que Nicolas Bazire remarquera : « Hormonalement, il ne peut pas ne pas penser, à cet instant, qu'il va être élu. » Le candidat passe sous silence l'extension de la CMU. Pressé par Buisson, il s'éloigne deux autres fois de la version préparée par Guaino : il salue, à nouveau, les racines chrétiennes de la France ; pas les immigrés. Sa plume avait glissé une phrase que Nicolas Sarkozy s'abstient de reprendre, il attendra le surlendemain, et le meeting moins visible de Toulon, pour le faire : « Je veux rendre hommage à ceux de nos compatriotes issus de l'immigration qui ont fait des efforts pour s'intégrer, qui veulent devenir des Français comme les autres, qui travaillent dur, qui transmettent à leurs enfants des valeurs élevées, qui les éduquent avec une grande exigence morale et dans l'amour de la France. »

Depuis le début de sa campagne, ils sont neuf[1], chaque jour, à s'asseoir autour de Nicolas Sarkozy. C'est là que le fond est mis en forme, que la forme est poussée à fond. L'une des premières discussions ne fut pas la moins essentielle. Le candidat devait-il être le décalque du président qui affronta la crise ? Cela donna lieu à de longs débats ; on connaît la suite.

Patrick Buisson aime s'occuper de tout,

1. Xavier Musca, Patrick Buisson, Pierre Giacometti, Emmanuelle Mignon, Henri Guaino, Nathalie Kosciusko-Morizet, Franck Louvrier, Camille Pascal, Guillaume Lambert.

et aussi du reste. Avec un soin particulier, il a veillé à la composition de ce conclave. Il s'est activé pour y disposer de proches, contribuant à l'arrivée de Camille Pascal, s'appuyant sur Emmanuelle Mignon ou Jean-Michel Goudard. Il a, en revanche, dû se résigner au choix par le chef de l'Etat de sa ministre de l'Ecologie comme porte-parole. Quelle drôle d'idée de retenir une « grande bourgeoise » pour mener une « campagne au peuple » ! Avant, quand le casting n'était pas bouclé, il a tenté de susciter une alternative qu'il jugeait plus grand public : Rachida Dati, avec qui il a déjeuné au Bristol. Le président a décliné. François Fillon, que la maire du VIIe arrondissement de Paris agresse en permanence, ne l'accepterait jamais. Après, Buisson s'est employé à se raisonner : « Sarkozy pense que les signaux ne doivent pas être univoques, il fait donc 5 % de bobo. » Il n'y est pas parvenu. « Elle est en train de saboter toute la campagne », garantit-il au chef de l'Etat, lorsque Nathalie Kosciusko-Morizet déclare qu'en cas de duel entre un candidat FN et un candidat socialiste aux législatives, elle voterait pour le second. Le président l'avait pourtant mise en garde : « Ne refais pas le coup de ton bouquin anti-FN[1]. Ta seule priorité, c'est de taper le PS. » En coulisses, autour de la porte-parole, les petites manœuvres succèdent aux accrochages. Nathalie Kosciusko-Morizet croit avoir démasqué un « réseau Buisson-Peltier[2]-Pascal » qui se serait constitué « pour la détruire ». Elle s'emploie à le démonter. Le 23 mars, elle déjeune en tête à tête avec le politologue. Elle ne dissimule pas un solide appétit élyséen. « Pour y parvenir, je ne transigerai jamais sur la partie polonaise de mon nom, le prévient-elle. D'ailleurs, le problème sera très vite résolu. Les Français m'appelleront NKM. » Patrick Buisson a de l'estomac. Il a tout de même du mal à digérer un tel aplomb. Au lendemain du premier tour, il reçoit, dit-il, un coup de fil de Bruno Le Maire (« On perd 150 000 voix à chaque fois qu'elle ouvre la bouche ») ; et il ne rate pas une occasion pour relever qu'à l'UMP,

1. Nathalie Kosciusko-Morizet a publié en 2011 *Le Front antinational* (Editions du Moment).

2. Secrétaire national de l'UMP chargé des études d'opinion et des sondages, Guillaume Peltier est un proche de Patrick Buisson. Pendant la campagne, il est dans l'équipe de porte-parole qui secondent NKM.

les mails anti-NKM des militants affluent. Ensemble, rien n'est possible.

Au cœur du bunker, certaines rancœurs sont plus anciennes. Le quinquennat a laissé de méchantes traces entre Patrick Buisson et Pierre Giacometti, que le président réunissait plusieurs fois par semaine. Le premier a souvent fulminé parce que le second avait un contrat non seulement avec l'Elysée, mais aussi avec Matignon. « Trois fois, le président lui a demandé d'y renoncer », s'offusquait Buisson. Idéologiquement, tout les oppose. Refusant d'entrer dans ce combat, Pierre Giacometti a donc multiplié les notes et les coups de fil directs à Nicolas Sarkozy, qui lui avait proposé l'été 2007 d'intégrer son cabinet élyséen. Durant ces ultimes semaines, il continue. Au sein du saint des saints, il trouve en NKM, Franck Louvrier ou Xavier Musca de précieux alliés. Derrière le champion, combien de divisions ? Beaucoup.

Dans cette équipe, un homme se tient de plus en plus sur le côté : Henri Guaino. Le « vrai travail » lui est resté en travers de la gorge. Il s'est rendu dans le bureau du président : « Je ne peux pas défendre l'idée à la télévision, elle aboutit forcément à opposer les gens entre eux ! » Il fulmine parce que l'on a trop oublié la crise : « C'est sur l'économie et le social que l'Etat s'est discrédité. Il ne faut pas contourner ce discrédit, il faut le régler. » Il bout lorsque l'on entretient le candidat dans ses travers : « L'entourage doit apaiser, pas attiser. » Déçu de ne pas avoir été nommé ministre de l'Intérieur à l'hiver 2011, il mène sa propre vie et sa propre tournée de meetings. Ce qui fâche parfois le chef de l'Etat : « Il n'est jamais là ! »

Lui n'a pas abandonné son bureau. Et, pourtant, plus la campagne avance, moins Xavier Musca se sent à sa place. Le secrétaire général de l'Elysée ne dissimule plus son malaise. On lui demande de faire surtout de la com', ce n'est pas vraiment la préoccupation prioritaire de cet ancien directeur du Trésor. La ligne lui déplaît. Chaque jour, il négocie avec les Allemands, du coup il comprend mieux leurs arguments que les fulgurances de Guaino. Même devant le président, Musca, ce pessimiste certain de la défaite depuis des mois, ne masque plus suffisamment sa mauvaise humeur. Il voit le destin qu'il s'était imaginé, la Caisse des dépôts et consignations, lui échapper. L'agacement est réciproque. Le chef de l'Etat l'admoneste : il ne veille pas suffisamment sur l'Elysée, devenu une maison vide où chaque conseiller songe d'abord à son avenir et ensuite au sort du pays. Quand Mohammed Merah sème la terreur à Montauban et à Toulouse, la première réunion se déroule à Matignon – un comble dans le système sarkozyste. La fin d'une époque.

14

Cachez ce clip que je ne saurais voir

Ça gronde ! La moitié de l'équipe internet du candidat UMP a failli claquer la porte. Henri Guaino a jugé « honteux » ce qu'il voyait. Le 30 avril, passe à la télévision l'un des clips de la campagne officielle de Nicolas Sarkozy pour le second tour. Le film dure trois minutes et cinq secondes. Il débute par des témoignages de quidams qui saluent les vertus du président. Jusque-là, rien à signaler. Puis, le chef de l'Etat prend la parole. Première image pour accompagner son propos : un zoom avant sur un panneau de douane, avec le mot en français, en sicilien (« duana ») et en arabe, suivi d'une séquence qui montre des personnes fouillées par des policiers. Aucune indication sur le lieu. La scène se déroule en réalité sur l'île italienne de Lampedusa, où sont arrivés quelques milliers de réfugiés tunisiens en 2011, à la suite de la révolution dans leur pays. Elle a été sciemment choisie. Tous les Français l'ont vue dans les « 20 Heures » quelques mois plus tôt. Marine Le Pen s'était rendue sur place. Au même moment, dans la deuxième phrase de son intervention, Nicolas Sarkozy dénonce « l'Europe passoire », avant de consacrer l'intégralité de son propos à l'immigration. Il rappelle sa volonté de diviser par deux le nombre d'étrangers accueillis dans l'Hexagone, insiste sur la maîtrise de la langue française pour « toute personne qui veut rejoindre la France » et réitère son refus du droit de vote pour les étrangers, proposé par « le candidat socialiste » : « Si les étrangers veulent voter, alors qu'ils demandent à devenir français ! »

Comme il doit être validé par le Conseil supérieur de l'audiovisuel avant d'être diffusé, le film a été réalisé une semaine plus tôt, les 23 et 24 avril. Pour les clips du premier tour, le candidat avait repoussé les textes de Camille Pascal qu'il devait lire. « La plus belle femme du monde ne peut donner que ce qu'elle a ! », s'était défendu le conseiller.

« Elle n'a vraiment pas grand-chose », avait répliqué le chef de l'Etat. Henri Guaino avait été appelé à la rescousse pour trouver du souffle. Pas cette fois. Jean-Michel Goudard et Patrick Buisson sont à la manœuvre. Par fidélité envers Christian Blachas, l'inventeur de « Culture Pub », qui n'avait pas vaincu sa maladie et était mort en février, sa société de production avait été d'emblée sollicitée. Elle était déjà aux manettes en 2002, pour le compte de Jacques Chirac. C'est d'ailleurs un modèle identique à celui conçu à l'époque qui est retenu : des propos de citoyens suivis de ceux du candidat.

Mais là où Chirac, confronté à Jean-Marie Le Pen, vantait « la France en grand, la France ensemble », abordant les thèmes de l'emploi, de la fiscalité et de la formation professionnelle, là où, en 1988, François Mitterrand, président sortant lui aussi, récitait une ode au rassemblement collant à son slogan de second tour « La France unie est en marche », Nicolas Sarkozy joue la provocation. Lui, ou plutôt ses deux conseillers. Le clip dans sa version originale va si loin que Nathalie Kosciusko-Morizet et Pierre Giacometti interviennent. Sollicitent l'arbitrage du chef de l'Etat. Et obtiennent le retrait d'images qui stigmatisaient encore plus. Ils se battent également pour qu'il soit programmé le moins possible à la télévision.

Cachez ce clip que je ne saurais voir… Après le 6 mai, plus personne n'en revendiquera la paternité. Les principaux responsables de l'UMP argueront qu'ils étaient sans cesse en déplacement et qu'ils n'ont rien remarqué. François Bayrou est celui qui s'en offusquera publiquement avec le plus de vigueur. Selon tous ses conseillers, Nicolas Sarkozy ne l'a jamais regardé.

15

« Ça m'emmerde, ce truc »

Malgré la fatigue, il est dans une forme olympique. Il est prêt à le défoncer. Il va le défoncer. Nicolas Sarkozy se lance dans un long monologue. « Ah bon, M. Hollande, vous n'étiez pas au courant pour Dominique Strauss-Kahn ? Madame Tristane Banon n'est-elle pas venue vous voir[1] ? » Pause d'un instant. « J'ai vu que votre fils, Thomas, était, le samedi 28 avril, à l'anniversaire de Julien Dray, où se trouvait également Dominique Strauss-Kahn. Rue Saint-Denis, cela ne s'invente pas, dans un restaurant qui s'appelle "J'Ose", dont le plat de résistance est "Orgasme"... » Le chef de l'Etat n'ou-

1. La jeune femme a affirmé plusieurs fois que le premier secrétaire du PS lui avait téléphoné, puis qu'il s'était entretenu avec elle après l'incident entre elle et DSK, qu'elle accuse d'avoir tenté de la violer.

blie rien. Il a tout retenu des notes que lui ont recensées Xavier Musca, pour le secteur économique, et Emmanuelle Mignon, pour les autres sujets. « Et l'endettement record en Corrèze ? » Non, il est décidé à ne rien laisser passer. « La question n'est pas, M. Hollande, que vous n'ayez jamais été ministre. C'est de savoir pourquoi vous ne l'avez jamais été. » Le candidat a terminé. « Bon, voilà. Autre chose ? » Nous sommes le mercredi 2 mai, il est presque 13 heures à l'Elysée. En face du président, ce n'est pas – encore – François Hollande, mais sa propre équipe, et elle n'en croit pas ses oreilles. Un ou deux collaborateurs ont tenté de le modérer : « Il ne faut peut-être pas dire les choses comme cela… » Aucun n'est parvenu à l'arrêter pendant quarante minutes. Tout le monde comprend que le socialiste risque de vivre une sale soirée. Il suffit d'attendre encore huit heures, et on verra ce qu'on verra. Ames sensibles s'abstenir.

Depuis plusieurs semaines, Nicolas Sarkozy promet une déculottée à son adversaire. Il le répète à tous ses interlocuteurs. Il y a quelques jours encore, il recevait Nicolas Bazire : « Le débat fera la différence, et je vais gagner. » En marge du meeting de Clermont-Ferrand, le 28 avril, Jean-Pierre Raffarin lui a glissé un conseil : « Ne te mets pas en situation de favori, celui-ci perd toujours. Regarde, en 1972, Edgar Faure l'était face à Defferre, et c'est Defferre qui a gagné. En 1981, Jean-François Deniau l'était contre Jospin, et c'est Jospin qui a gagné. » « Je le sais » : Nicolas Sarkozy connaît son histoire politique. Mais il y a une chose qui dépasse son entendement : comment quelqu'un qui n'a jamais été ne serait-ce que secrétaire d'Etat pourrait-il être élu alors que le monde traverse une crise historique ? Il va le défoncer.

*

Cette fois, ça y est. A La Plaine Saint-Denis, Laurence Ferrari et David Pujadas sont en place. Le générique va démarrer. L'heure est venue de monter sur le ring, de quitter la loge et ceux qui l'accompagnent ce soir. Juste avant de rejoindre le plateau, Nicolas Sarkozy se tourne vers eux et lâche : « Ça m'emmerde, ce truc. » Ils sont abasourdis. Aucun n'ose réagir. Mais ces mots, ils ne sont pas près de les oublier.

*

L'équipe du président a deux loges à sa disposition. Contrairement à celle de François Hollande, elle refuse d'être filmée pendant le débat. Les premières paroles de Nicolas Sarkozy tranquillisent tout le monde. Voilà qu'il attaque déjà les « formules creuses » de François Hollande. Jusque-là, ça se passe bien.

« Vas-y, cogne ! » : Jean-Michel Goudard commence à s'inquiéter. Le président est dominé. Il se laisse couper la parole. « Vas-y, cogne ! » La remarque de Goudard est le signe que quelque chose cloche. Généralement, quand, dans les coulisses d'un meeting, il regarde, sur un écran de télé, la prestation de son ami, il ne peut s'empêcher de s'enflammer : « Ce type est une bête. »

Très vite, c'est tout le premier cercle qui se met à douter sérieusement. Carla Bruni-Sarkozy interroge sa voisine de cigarette, Nathalie Kosciusko-Morizet. La porte-parole cherche à la rassurer : « Hollande peut agacer en lui coupant sans cesse la parole. En province, on va trouver cela mal élevé. »

Patrick Buisson rumine. Il est 22 h 40, on en est toujours à l'économie, alors que le débat était censé aborder les questions de société à partir de 22 h 15. Le politologue avait pourtant âprement pensé et négocié le déroulé : on commençait par la crise, on l'évacuait au plus vite pour enchaîner avec le régalien. Là, Nicolas Sarkozy pourrait pilonner. Le problème, c'est que le chef de l'Etat, attaqué sur son bilan en matière d'emplois et de comptes publics, passe son temps à se justifier. Enfin, l'immigration vient sur la table. Devant l'écran, Buisson crie « frontière ». Le candidat ne l'entend évidemment pas, mais en parle tout de même. Et cela ne suffit pas à chasser l'anxiété du conseiller. Les recommandations qu'il a formulées dans la note remise au président restent lettre morte. Il ne lui préconisait certes pas une agressivité sans limite. « Il faut être le contraire de ce qu'ils croient que tu vas être », lui avait-il écrit. Etre calme, d'accord, notamment pendant la partie économique, mais d'une ténacité à toute épreuve : « Tu ne le lâches pas, tu le mets sur la défensive. Hollande ne supporte pas d'être harcelé de questions. » C'est la jurisprudence Copé : le secrétaire général de l'UMP avait poussé le socialiste dans les cordes, lors d'une émission à la télévision, le 15 mars. C'est aussi la jurisprudence Pujadas : ce journaliste-là, Buisson ne le découvre pas, pour avoir animé plusieurs plateaux à ses côtés sur LCI, dans une vie antérieure, et il ne le déteste pas. Il déjeune régulièrement avec lui et a apprécié la manière dont il a répété et répété encore la même question sur l'immigration devant un François Hollande embarrassé. Ce soir, ce n'est pas vraiment le cas.

Ah ! Enfin un moment de détente. Le député de Corrèze s'essaie à l'anaphore : « Moi, président de la République », répète-t-il à quinze reprises. Dans les deux loges du chef de l'Etat, on se marre franchement. Mais les éclats de rire ne trompent pas grand monde : ici, le moral n'est pas au beau fixe.

*

Nicolas Sarkozy et François Hollande se saluent rapidement, chacun regagne sa loge. Les conseillers du président se lèvent pour l'applaudir. D'un geste de la main, il leur demande de s'arrêter. Eux continuent.

« A ce niveau, personne ne s'effondre. » Ses premiers mots montrent qu'il a déjà saisi. Il devait le défoncer, il explique maintenant que le pire piège eût été l'agressivité. Il raconte que Valéry Giscard d'Estaing lui a téléphoné dans l'après-midi pour lui suggérer de céder à Hollande ce monopole-là et que le socialiste serait ainsi à contre-emploi. En 1981, lui a-t-il rappelé, il avait considéré qu'il avait gagné aux points le débat face à Mitterrand, mais qu'il n'avait pas renvoyé l'image d'un homme sympathique. Sarkozy obligé d'appeler Giscard à la rescousse ? C'est dire s'il a besoin de se justifier. Il croise Emmanuelle Mignon l'intraitable, qui avait tant apprécié la férocité de son champion lors de la réunion de préparation du face-à-face. Elle peine à dissimuler sa déception : « Je ne comprends pas. Hollande n'a cessé de mentir ! Vous l'avez laissé prétendre qu'il n'était pas au courant pour DSK... » Le président la réconforte : « Vous savez, Emmanuelle, c'est très difficile, vous ne savez pas si vous êtes dans le bon tempo, c'est très difficile. » Une pause. « Vraiment, ce n'était pas bon du tout ? » Emmanuelle Mignon s'efforce de sourire : « Si, si, quand même ! »

Nicolas Sarkozy ne s'éternise pas dans les studios. Il rentre chez lui. Comment trouver le sommeil après une telle épreuve physique ? Comment chercher le repos quand on est très lucide sur sa performance ? Il ne reste qu'une chose à faire : éviter que le doute ne se répande chez les proches. Allô, Alain (Minc) ? « C'était éprouvant. » Une épreuve, assurément. Allô, Claude (Guéant) ? Il est 1 h 30 du matin, le ministre de l'Intérieur est déjà couché. « Vous avez vu, je n'ai pas été agressif ! » Il ne saurait mieux dire qu'il regrette de ne pas l'avoir été suffisamment. Allô, Patrick (Buisson) ? A lui, inutile de cacher la vérité, au moins celui-ci pourra-t-il consoler le candidat... Allô, Alain (Juppé) ? Deux heures du matin, le ministre des Affaires étrangères n'a pas d'insomnie, il dort du sommeil de celui qui n'est pas candidat. Que répond-on à un président qui vous appelle en pleine nuit pour vous demander s'il a été bon lors d'un débat à la télévision ? D'abord, qu'il vous réveille. Ensuite, qu'il a été bon. « Que voulez-vous que je dise d'autre ? », confiera-t-il. Alain Juppé ne ment pas, il a trouvé le président « bon ». Mais seulement pendant la première demi-heure. Allô, Patrick ? Oui, il lui a déjà passé un coup de fil dans la nuit. Depuis, Buisson a peut-être trouvé un argument qui permette d'entretenir la flamme. Après tout, c'est aussi son job.

*

Jeudi matin, le débat appartient maintenant à l'Histoire. Au siège national de l'UMP, aucun mail de félicitations n'a été envoyé par des militants ou des sympathisants. C'est un signe. Un mauvais. Il ne l'a pas défoncé.

16

Ci-gît le centre

« Il faut y aller, Jean-Louis. » Comme Bernadette Chirac et Rachida Dati, Jean-Louis Borloo accompagne le président à Toulon, le 3 mai, pour son avant-dernier meeting. Comme pour elles, une place lui est réservée au premier rang. Mais le centriste ne veut pas quitter les coulisses du Zénith. Même s'il n'a émis aucune critique publiquement, le ton du second tour ne lui plaît vraiment pas. Il ne regarde plus la télévision, et c'est dans *L'Equipe* qu'il suit la campagne. A ceux qui le pressent d'aller écouter tout de même le candidat dans la salle, le responsable du Parti radical rétorque : « Je vais avoir Bayrou au téléphone. » Qui le croit encore ?

19 h 28. Dans la tribune de presse, les smartphones vibrent. L'alerte info tombe : François Bayrou appelle « à titre personnel »

à voter François Hollande. La prise de position du chef du MoDem provoque l'effet d'une bombe. Elle remet en cause l'alliance établie entre la droite et le centre, qui régit le paysage politique français depuis plus de cinquante ans. Le matin, dans son petit appartement de la rue Cler, à Paris, l'homme aux trois échecs élyséens s'est assis devant son ordinateur. L'heure du choix a sonné. Dès le soir du premier tour, il avait indiqué qu'il se prononcerait au lendemain du débat pour l'un des finalistes. Avant de retrouver les cadres de son parti avec qui il doit se réunir pour déterminer sa position, il souhaite rédiger deux ébauches de discours : l'un de soutien au candidat socialiste, l'autre de ralliement au président sortant. François Bayrou écrit le texte en faveur de François Hollande. Il s'attelle à celui de Nicolas Sarkozy. Il n'y parvient pas. Les mots ne sortent pas de ses doigts.

Le lendemain, Patrick Buisson accompagne le président pour son ultime meeting, aux Sables-d'Olonne, où il possède une maison. A l'aller, il lui remonte le moral : Bayrou opte pour Hollande, quelle bonne nouvelle ! « Cela incitera les derniers centristes proches de l'UMP, fous de rage, à voter pour toi, cela améliorera les reports du FN puisqu'il est désormais exclu qu'il soit ton Premier ministre, et cela agacera même l'électorat Front de gauche. » Pour un peu, un message posté par la Providence.

17

Les trois petits cochons

Dans sa tête, tout est clair. Si Nicolas Sarkozy est réélu dimanche, il passera à autre chose. Certains lui prêtent pourtant l'intention de briguer la présidence de l'Assemblée nationale. « C'est complètement faux », dément-il. Dans sa tête, tout est clair. Nicolas Sarkozy ne sera pas réélu. Depuis l'été, il en a acquis la certitude. Trop d'ennemis, de conflits, de tournis. « Il n'a aucune chance. » L'avenir de François Fillon sera donc politique. Cette intention-là n'a rien d'irréelle : il convoitera la présidence de l'UMP face à Jean-François Copé, qui rêve de lui faire porter le chapeau de la défaite.

François Fillon aime chaque jour un peu moins la tournure de la campagne. Il ne voudrait surtout pas qu'elle imprègne en profondeur la droite et déteigne sur sa personne. Il poursuit ses meetings pour défendre le président. Il pose aussi deux pierres dans la chaussure du candidat. Ou, plutôt, il sème deux cailloux ; ils seront utiles si son camp (se) perd. Le 30 avril au matin, il n'est pas encore 8 heures et le chef du gouvernement est l'invité de RTL. « Je n'aime pas qu'on critique les syndicats parce que les syndicats sont nécessaires au fonctionnement de l'économie et du système social français », déclare-t-il à la veille de la « vraie fête du travail » au Trocadéro. S'il condamne Bernard Thibault qui a appelé à voter contre le chef de l'Etat, s'il invite François Chérèque à « se tenir à l'écart du débat », il estime que son camp devrait « éviter toutes les remarques désagréables sur les syndicats ». Dans le giron présidentiel, les corps intermédiaires ont maintenant un avocat. François Fillon assume. Dans la foulée, il déjeune avec Roger Karoutchi. Au sénateur des Hauts-de-Seine, il explique : « Il faudra bien qu'on leur reparle. On ne va quand même pas se fâcher avec tout le monde. »

Trois jours plus tôt, dans *Les Echos*, il a déjà donné de la voix. « Il y a incompatibilité de valeurs » entre le FN et la droite, assène le Premier ministre. Cela déplaît à Nicolas Sarkozy, qui s'emploie à démontrer l'inverse. Patrick Buisson fulmine : « Il n'avait pas besoin de dire qu'il partageait des valeurs communes, mais personne ne lui demandait de dire le contraire ! Les interventions de François Fillon n'auront vraiment pas aidé le président pendant cette campagne. » S'il est en colère, Buisson n'est pas surpris. Comme l'attitude du chef du gouvernement, le soir du 6 mai, on le verra plus tard, ne l'étonnera guère. Cela fait bien longtemps qu'il s'est forgé son opinion. Durant le quinquennat, il l'a avouée sans se forcer : « Nos rapports sont détestables. » Buisson, dont la paranoïa n'est pas la moindre des faiblesses, a toujours été persuadé que, derrière la Cour des comptes, qui l'avait épinglé pour son usage abusif et obscur des sondages, se cachait Matignon. L'institution de la rue Cambon était alors présidée par Philippe Séguin ; des séguinistes, ce n'est pas ce qui manquait rue de Varenne, à commencer par le Premier ministre… Fillon, dont l'orgueil n'est pas la moindre des faiblesses, a passé la campagne et même les cinq années sans parler au grand méchant loup. Tout arrive. Sept semaines après l'échec, il trouve son numéro de téléphone. Le 24 juin, sur Canal +, Nathalie Kosciusko-Morizet règle ses comptes avec Patrick Buisson : « Son objectif n'était pas de faire gagner Nicolas Sarkozy, il était de faire gagner Charles Maurras. » L'attaque est lourde : Maurras a dirigé *L'Action française* et soutenu Vichy. Le futur candidat à la présidence de l'UMP appelle le stratège : « Je ne cautionnerai jamais cela. »

« Il est parfois insondable », avait commenté le chef de l'Etat en discutant avec François Baroin de son Premier ministre. Jusqu'au bout, François Fillon le sera resté. « Je ne sais rien, j'apprends tout dans la presse », reconnaît-il devant Jean-Pierre Raffarin. Comme tous les ministres, il est mis de côté. François Bayrou l'appelle au soir du meeting de Nicolas Sarkozy à Toulouse, pour dire à quel point ce qu'il a entendu l'a révolté. Le chef du gouvernement avoue sans fard qu'il n'a pas prise sur les événements. Cela le dérange-t-il vraiment ? De meetings en médias, Nicolas Sarkozy réécrit leur histoire, tentant d'accréditer l'idée d'une harmonie parfaite de leur couple pendant cinq ans. François Fillon se prête au jeu. Le pouvoir est une comédie, il ne le découvre pas. Plus tard, il jugera que « Nicolas s'enferme vite » dans des motifs de consolation (« On a fait une très bonne campagne et le meilleur score possible vu d'où on vient ») plutôt que d'introspection. Plus tard, il se dira que la victoire, malgré tout, était possible. 600 000 voix. « J'ai bâti une théorie, racontera-t-il. Il fallait 300 000 voix de plus en Martinique et Guadeloupe, c'est-à-dire un score un peu moins mauvais que celui que Nicolas a obtenu, dû à quelques symboles comme le RSA, la nomination de la fille de Lucette[1] au ministère de l'Outre-mer et le sentiment que donnait Sarkozy aux Antillais de ne pas les aimer. Avec le discours qu'il tenait aux Blacks, ils se sentaient rejetés. Il fallait en plus 300 000 abstentionnistes mobilisés et c'était gagné. »

Comme beaucoup à droite, lui est passé à autre chose bien avant la fin du film. Dès l'hiver, l'après-6 mai, la présidence du parti, 2017 l'occupent. François Fillon est prêt à donner des coups, mais c'est Jean-François Copé qu'il vise. Le 28 février, il déjeune à

1. La titulaire du poste, Marie-Luce Penchard, est la fille de l'ex-sénatrice guadeloupéenne, Lucette Michaux-Chevry, haïe par une partie de la droite antillaise.

Matignon avec Laurent Wauquiez. Rachida Dati, proche du secrétaire général de l'UMP, court les plateaux des télés pour l'étriller. A son ministre de l'Enseignement supérieur, le chef du gouvernement demande un service : transmettre au *Canard enchaîné* une information sensible concernant l'ex-garde des Sceaux. Wauquiez ne jouera pas les balances.

*

Il a préféré ne pas regarder, puis a tenté de se faire entendre. Il a fini par voir, sans être écouté. Ainsi va Alain Juppé dans ces derniers jours. Le 22 avril, à la télévision, Jean-François Copé additionne les voix de droite et celles du Front national, et Alain Juppé commence à tiquer. Pour lui, c'est abusif puisque c'est faux : des électeurs de Marine Le Pen vont retourner à gauche, pourquoi feindre de l'ignorer ? Ce n'est rien par rapport à ce qui l'attend. Il croyait avoir compris que le mot d'ordre était : pas de droitisation. Quand il constatera l'étendue des dégâts, quand il s'interrogera pour savoir si l'embardée vers la droite fut voulue ou subie, à moins qu'elle ne correspondît à une inclination naturelle chez le candidat, il sera trop tard. Il se vantait d'avoir convaincu le président qu'il avait accueilli sur ses terres girondines, le 3 mars, de dire que « l'immigration était un atout ». Ce n'est plus le moment. Nicolas Sarkozy joue les gros bras à Saint-Cyr-sur-Loire et à Longjumeau, Alain Juppé ne se rend compte de rien. Lui aussi est par monts et par vaux.

« Sur le moment, je n'étais pas conscient de cette dérive. » Il n'est pire sourd... Ses conseillers se bombardent entre eux de SMS, « Ce n'est plus possible ». Il n'est pire aveugle, aussi, que celui qui ne veut pas voir. Le fameux journal de 20 Heures, le 25 avril sur TF1 ? Alain Juppé n'est pas devant son poste de télévision. Le clip sur l'immigration ? Pas au courant. Ses conseillers tranchent : ces affaires-là ne peuvent lui rester étrangères. L'opération séduction de Nicolas Sarkozy ne ressemble plus à rien, ou plutôt, si, elle prend des allures qu'ils abhorrent. Certains se surprendront même à penser, après le gong final : heureusement que ça n'a pas marché... Le 26 au matin, ils parlent à leur patron. « C'est quoi, ce truc ? » : le ministre se fait expliquer la sortie du président sur les 700 mosquées. Moue réprobatrice : « On ne prononce pas quelque chose de faux à partir d'une coupure de presse. »

Alain Juppé décide de marquer sa différence. Le 29 avril, il doit prendre la parole à Lyon, juste avant que ne soit diffusé dans la salle le discours que le candidat prononce à Toulouse. Il prépare son intervention avec un soin particulier. « Entre Français, il faut se garder de toute stigmatisation. » Il le rappellera d'emblée. Bien sûr, il n'est pas sale de parler d'immigration, mais ce n'est pas le seul sujet ! Comment gagner avec une campagne unijambiste ? Lui veut évoquer la politique économique qu'il convient de mettre en œuvre. Il réemploiera son expression du moment, « la sobriété heureuse », qui n'est pas vraiment le genre de beauté du président. Il est temps de conclure, à Toulouse, le chef de l'Etat s'apprête à monter sur scène. « Entre Hollande et Sarkozy, il n'y a pas photo, c'est Sarko qu'il nous faut ! » Ça y est, Alain Juppé a terminé. Il ne s'éternise pas, il lui faut quitter Lyon dans la foulée. Quelle aubaine ! De l'allocution présidentielle, il n'entendra pas grand-chose. Et il n'aurait pas tout aimé de cette ode aux « frontières » signée Henri Guaino. Le hic, c'est que personne ne prêtera attention aux propos d'Alain Juppé à Lyon. Il les mettra sur son blog, cela n'ira pas plus loin.

Deux jours plus tard, il se trouvera une autre bonne raison pour que l'on ne l'entende pas. Au Trocadéro, la parole est distribuée à Nadine Morano et à Jean-Pierre Raffarin. Pas à Alain Juppé. Patrick Buisson n'avait pas du tout apprécié son discours à la Concorde, en avril. Il n'a jamais aimé le maire de Bordeaux, qui avait osé avancer, en 2009, que le pape Benoît XVI « commençait à poser un problème ». A la demande du chef de l'Etat, il avait tout de même rendu visite au ministre des Affaires étrangères, à l'automne 2011. Mais c'était pour lui démontrer, chiffres à l'appui, que Nicolas Sarkozy était le seul candidat possible pour la majorité. L'homme est un (grand méchant) loup pour l'homme.

Sourd, aveugle, et désormais muet. Il ne reste plus à Alain Juppé qu'à attendre une chose : la défaite. Il ne l'a pas souhaitée, a douté un peu en voyant les courbes des sondages se resserrer, mais a toujours estimé qu'elle était probable. Pourtant, ses relations avec Nicolas Sarkozy n'ont cessé de s'améliorer. En janvier, il avait même été convié à son anniversaire, lui, le meilleur ennemi d'hier, seul responsable politique présent ce soir-là. Il s'était presque pincé pour y croire. « Je n'avais jamais pensé que je pourrais fêter l'anniversaire de Sarko comme ça, avec lui. » Un phénomène tout aussi exceptionnel s'était déroulé à l'Elysée : depuis plusieurs mois, le président avait arrêté de dire du mal d'Alain Juppé. « Il y a une histoire entre lui et moi. Il est fidèle. Il ne trahira pas. »

Il ne servira pas non plus. Alain Juppé aurait pu jouer les intermédiaires avec François Bayrou, mais le chef de l'Etat lui a démontré que ce n'était pas une bonne idée : « Avec toi, Alain, c'est trop visible. » Le garde des Sceaux, Michel Mercier, ami personnel du dirigeant centriste, fut choisi pour le rôle – il rencontra un succès mitigé… Il aurait pu servir pour la suite. Le 24 avril, il reçoit son ami Alain Minc venu prononcer des mots aimables : « Il ne faut pas que Nicolas Sarkozy annonce que tu seras Premier ministre s'il est réélu, mais tu le seras. Recommande-lui toi-même de ne pas s'engager publiquement, ce serait contre-productif. » Dans les jours précédant le premier tour, le candidat avait laissé entendre qu'il dévoilerait le nom de son futur chef du gouvernement avant le 6 mai. Alain Juppé connaît autant les aléas de la parole politique que ceux de la parole sarkozyste. Cette fois, il lui accorde sa confiance : « Tu as raison, je vais le lui dire », répond-il à Minc. Puis il passe à l'acte. Deux jours plus tard, sur France 2, Nicolas Sarkozy se contentera d'affirmer qu'il a une « indication » sur son prochain Premier ministre, mais il en taira l'identité. S'il avait aussi pu se taire en d'autres occasions depuis le 22 avril, Alain Juppé aurait apprécié.

*

Matignon... Et si c'était pour moi ? Certes, Jean-François Copé sait que la victoire a tout d'une chimère. Nous sommes le samedi 5 mai, l'aventure est terminée. Il n'empêche. En sortant de son tête-à-tête à l'Elysée avec Nicolas Sarkozy, c'est plus fort que lui. La perspective d'être nommé Premier ministre effleure son esprit. Durant toutes ces semaines, le chef de l'Etat l'a trouvé loyal. Bien sûr, il a été immédiatement informé que le secrétaire général de l'UMP profitait des meetings du candidat pour tenir les siens. Mais il ne s'en est pas offusqué. Evidemment, il n'est pas dupe de ce que le député de Seine-et-Marne, candidat autoproclamé pour 2017, pouvait espérer au fond de lui (quelle chance aurait un candidat de droite de succéder à un Nicolas Sarkozy réélu ?). Mais Brice Hortefeux lui a assuré qu'à aucun moment, en public, en privé même, Jean-François Copé n'a été pris en défaut.

Cet après-midi, dans son palais, le président lui sort le grand numéro. Il lui rend hommage pour le passé : lorsqu'il salue la mobilisation de l'UMP, avec ces foules spectaculaires, il paraît sincère. Si les promesses engagent à peine les vainqueurs, celui qui s'attend à être battu peut facilement se montrer plus généreux encore. Nicolas Sarkozy flatte Jean-François Copé. Cet entretien, le numéro 1 de l'UMP l'interpréterait volontiers comme un passage de relais. D'autant qu'il lui a manqué ce qui aurait ressemblé à une consécration : la visite du président candidat au siège du parti, pour remercier le personnel et mobiliser l'électorat de droite. L'idée a été émise avant le premier tour, puis entre le 22 avril et le 6 mai, et même au-delà. Elle ne sera jamais concrétisée.

Jean-François Copé n'est pas homme à états d'âme. Lui, l'antisarkozyste des années 2007-2010, s'est hissé au rang de premier sarkozyste de France. Le président s'appuie sur un improbable article de presse pour dénoncer un appel des mosquées à voter pour François Hollande ? Dès le lendemain, le maire de Meaux assure qu'il a « vu les consignes » dans la mosquée de sa ville. Le 22 avril, parce qu'il est face à un intervenant qui additionne toutes les voix de gauche, il procède de manière identique avec celles de toute la droite, FN compris. Ce calcul n'avait pourtant rien de naturel pour lui. En 2009, après que le maire socialiste d'Hénin-Beaumont a été placé en détention provisoire pour détournement de fonds, une élection municipale partielle est organisée. Le second tour oppose une liste du FN à une liste divers gauche. Et que répond, le 29 juin, celui qui dirige alors le groupe UMP à l'Assemblée nationale à l'idée, à l'époque communément admise, d'un front républicain ? Il acquiesce : « De manière générale, il faut faire barrage au Front national, il faut être intraitable, le FN reste, par définition, le symbole de tout ce qu'on ne veut pas dans la République. » C'est la dernière fois que Jean-François Copé prononcera des propos de cette tonalité. Pour les cantonales de 2011, désormais secrétaire général de l'UMP, il valide une ligne radicalement différente, celle du ni-ni, ni Front national, ni front républicain. Le (grand méchant) loup est entré dans la bergerie. Patrick Buisson a pris les choses en main. En 2009, Copé s'est opposé, à l'Assemblée, au principe d'une commission d'enquête parlementaire sur les sondages réalisés à l'Elysée, et le politologue n'est pas du genre à oublier quand de tels services lui sont rendus. Ils nouent des liens solides, qui demeureront, quoique plus discrets, après le 6 mai 2012, lorsque le théoricien de la droitisation deviendra le bouc émissaire de la défaite : « Pour notre intérêt commun, il vaut mieux que notre relation, qui est aussi forte que celle avec Nicolas Sarkozy, ne se sache pas », préconisera le chef de l'UMP. Au début de 2011, Buisson explique donc la nécessité d'un changement de stratégie à Copé. Qui se montre d'abord prudent : « Ce sera une révolution culturelle. » « Tu as intérêt à la faire, et ce sera la ligne du président », le convainc Buisson, qui est en train d'installer le décor de la campagne de 2012. Jean-François Copé n'est pas homme à états d'âme. C'est cela que Nicolas Sarkozy aime le plus chez lui.

18

La possibilité d'une île

« Allô, Patrick, c'est Carla. » Samedi 5 mai. L'épouse du président a besoin de parler de ce qui était le cœur de la vie de son mari. Elle appelle Patrick Buisson. Ce n'est pas la première fois. Ce n'est pas le seul. Pendant ces dernières semaines, Brice Hortefeux a aussi eu droit à quelques coups de fil, dont il se rendra compte que le chef de l'Etat ignore tout. Longtemps, elle a cru au succès, elle se prépare à la défaite. Pour elle, pour lui. Ce soir, pour commencer à tourner la page, elle organise un dîner en petit comité. Ils sont huit. Elle a invité Didier Barbelivien, Nathalie Kosciusko-Morizet et son conjoint – un homme de gauche, au départ, comme elle.

« Les enfants sont malheureux. On est malheureux. Vivement que cela se termine. »

Auprès des proches de son époux, Carla cherche explications et conseils. C'est sa première campagne présidentielle. Elle n'aime pas ce qu'elle vit. Trop de violence. Elle juge les journalistes complètement partisans. Estime qu'il n'y a pas, comme dans les autres pays, une presse de gauche et une presse de droite. S'inquiète pour son « homme ». « Quand il rentre, je ne lui parle de rien. J'ai peur de ne pas dire ce qu'il faudrait », avoue-t-elle à Patrick Buisson. Surtout, ne pas transmettre au candidat son angoisse. Quand elle l'accompagne, elle cherche d'abord à le distraire. Une fois, elle poussera Jérôme Lavrilleux[1] à leur narrer les exploits de sa copine Inès de La Fressange au mariage de Jean-François Copé avec Nadia, en décembre 2011. L'ancien mannequin était le témoin de la seconde épouse du secrétaire général de l'UMP. Elle avait un peu profité du champagne et, dans son discours, gentiment moqué la mère du marié.

Le soir, il n'y a plus de place pour les films, pour les séries américaines qu'ils prennent

1. Directeur de cabinet de Jean-François Copé à l'UMP, Jérôme Lavrilleux est chargé de l'organisation logistique de la campagne.

tant de plaisir à dévorer. Le couple présidentiel est exténué. « Je n'imaginais pas que c'était si dur d'avoir un enfant à 44 ans », glisse-t-elle un jour à Valérie Pécresse. Elle entend néanmoins être investie à 100 %. Dès que le chef de l'Etat le lui demande, elle assiste à ses meetings. Elle adore l'atmosphère qui y règne : elle trouve qu'il soulève la passion et l'amour. Elle n'a pas été pour rien dans le soutien de certains artistes en sa faveur. Le producteur Dominique Besnehard, chargé dans le camp d'en face de ramener des gens du spectacle vers François Hollande, s'en est souvent plaint : s'il ne parvenait pas à décrocher des chanteurs, c'était à cause de l'auteur de *Quelqu'un m'a dit*. Au lendemain du premier tour, l'une des voisines de Carla, la productrice Danielle Kadeyan, a programmé chez elle, dans le XVIe arrondissement de Paris, une rencontre secrète entre le candidat et une cinquantaine de sportifs. Elle est là. Quelques semaines plus tôt, c'était le monde du cinéma. Ce soir-là, le Raid encercle le domicile de Mohammed Merah à Toulouse, la campagne est suspendue. Dans l'équipe, certains estiment que le chef de l'Etat ne doit pas se rendre à ce raout. Nicolas Sarkozy tranche : « Des amis de Carla veulent me voir, c'est un moment de détente. »

Sa première campagne s'achève, et sa vision ne ressemble à aucune autre. « Cette élection, confie-t-elle à un proche, c'est comme si nous étions dans l'opposition. C'est étrange. On est tellement maltraités. Au fond, la révolution, ce n'est pas la gauche, c'est nous. » Pour elle, la défaite sera à la fois une déception et un soulagement. Au moins l'ambivalence du sentiment l'amusera-t-elle.

19

48,4

« Je porte toute la responsabilité de cette défaite. » Il est à peine plus de 20 h 30. A la Mutualité, devant des militants effondrés, Nicolas Sarkozy salue la victoire de François Hollande. Il est des mots plus faciles à dire que d'autres. Dans la version que lui avait préparée Henri Guaino figurait le terme d'« échec ». Celui qui entre désormais dans le club des anciens présidents l'a immédiatement biffé. C'est l'une des trois corrections qu'il a portées au texte de sa plume.

17 heures. Le président n'est pas encore à son bureau. Par téléphone, il s'entretient avec Henri Guaino. Le conseiller spécial est en compagnie de Xavier Musca et de Guillaume Lambert. Nicolas Sarkozy réfléchit à voix haute au message d'adieu qu'il adressera ce soir aux Français. Depuis hier, tout est clair.

L'Elysée va changer de locataire. Pourtant, vendredi, il y avait encore de l'espoir dans l'air. Au retour de la Vendée, le candidat et Patrick Buisson prennent connaissance du rolling du jour[1] : 48 %/52 %. L'écart n'avait jamais été aussi faible. « Il se passe quelque chose. Soit c'est confirmé demain et il se passe quelque chose de très fort, soit c'est neutre et on a perdu », s'excite le stratège. Ce n'est qu'un mirage. Vingt-quatre heures après, les courbes se distendent (47,5 %/52,5 %). Ce matin, les résultats venus d'outre-mer n'ont rien prédit d'encourageant. Au contraire. Comme lors du premier tour, ils sont catastrophiques. Vers 16 heures, les premières enquêtes sorties des urnes tombent. Celle réalisée par OpinionWay porte sur 10 000 électeurs : 52 %/48 % en faveur du socialiste. Patrick Buisson la juge fiable. Depuis le début de la journée, il a relevé d'autres signes négatifs : le nombre important de votes blancs, la participation moins bonne dans les régions de droite que dans celles de gauche… Aucun doute possible : même si l'écart final

1. L'Ifop réalise un sondage quotidien pour *Paris Match* et Europe 1.

reste incertain, François Hollande sera élu aujourd'hui président de la République. Patrick Buisson, qui a toutes les heures au téléphone Nicolas Sarkozy, le lui dit. Celui-ci n'affecte aucune surprise. La veille, Edouard Balladur avait vu le chef de l'Etat en tête à tête à l'Elysée. « Nicolas n'a plus d'espoir », avait rapporté l'ancien Premier ministre à sa sortie. Entre battus, on ne tourne pas autour du pot.

17 h 45. Henri Guaino dicte à sa collaboratrice un texte à partir des notes qu'il a griffonnées. Très vite, Xavier Musca surgit : « Tu as fini, Henri ? Il le veut maintenant... » Un président normal vient déjà de débarquer à l'Elysée. A son arrivée, comme si de rien n'était, Nicolas Sarkozy a lancé : « Ça va ? Rien de spécial ? Patrick (Buisson), du nouveau ? » Ce soir, il souhaite parler très vite après 20 heures. Il est donc grand temps de relire son discours. Au secrétaire général, Guaino demande encore un peu de patience. Il ne dérogera pas à la mauvaise habitude prise durant tout le quinquennat : il rendra son travail à la dernière minute.

18 h 30. Les feuilles sont sorties de l'imprimante. Dans le salon vert, au premier

étage de l'Elysée, la relecture débute. Nicolas Sarkozy est entouré de son petit cercle habituel : Buisson, Goudard, Giacometti, Musca, Mignon, NKM... Carla aussi est là. Elle est accompagnée d'une amie mannequin, Farida Khelfa. Qui filme la scène par intermittence. A 18 h 50, Alain Juppé entrouvre la porte et passe une tête. Le président : « Viens, viens, Alain. » Quelques instants plus tard, c'est François Fillon. Le président : « Viens, viens, François. » L'un des éléments qu'il a chargé sa plume de coucher sur le papier suscite la réaction des présents. « Je ne ferai plus jamais de politique. » Ce n'est pas vraiment une surprise. A plusieurs reprises, il l'a déjà affirmé. Mais, ce soir, Buisson et Mignon interviennent. Le président ne peut avoir des mots si définitifs. Et s'il annonçait plutôt qu'il se retirera au lendemain des législatives ? Il en est hors de question pour Nicolas Sarkozy. Déjà Claude Guéant, quelques jours plus tôt, lui avait soufflé l'idée de mener la campagne de juin, quel que soit le résultat de celle de mai. Il avait été éconduit. A son tour, Alain Juppé se lance : « Tu es trop jeune, Nicolas. Tu ne dois pas dire cela. » François Fillon, lui, choisit de garder le silence – ce qui fera causer. Du ministère de l'Intérieur parviennent les résultats de 300 bureaux tests. Sur les 100 premiers bulletins dépouillés, le score est très serré entre les finalistes. Cela ne détourne guère l'attention. Personne ne croit à un renversement de la situation. Dehors, il fait gris.

19 h 15. L'huissier signale la présence dans l'antichambre des ministres et des responsables de l'UMP, conviés quarante-cinq minutes plus tôt pour caler les éléments de langage de la soirée. Jean-François Copé, Valérie Pécresse, François Baroin, Xavier Bertrand, Brice Hortefeux, Rachida Dati et les autres commencent à trouver le temps long. Ils s'inquiètent de ne pas voir le président avant de se rendre sur les plateaux. « Va leur parler. Je les ferai rentrer dans dix minutes », demande Nicolas Sarkozy à Patrick Buisson. Le politologue s'exécute. « Avec tous les bulletins blancs, Hollande n'obtiendra même pas 50 % des votants », pointe-t-il. « Bientôt, il va nous démontrer qu'il a gagné ! », relève un présent, abasourdi par cette autojustification. Pendant ce temps, dans le salon voisin, un homme se lève et fait le tour de la table. François Fillon

vient prendre la place qu'occupait Patrick Buisson, juste en face du chef de l'Etat. Ce fauteuil est dévolu au Premier ministre, mais, quand il est arrivé, le stratège y était installé. Il n'avait pas esquissé le moindre geste. En ce jour funeste, il n'avait guère envie de se soucier du protocole, guère envie de sauvegarder les apparences. François Fillon, tout chef du gouvernement qu'il était encore, s'était donc assis à la droite du président.

En revenant, Patrick Buisson constate qu'il a été délogé. « Les choses sont rentrées dans l'ordre » : le moment ne se prête pas à l'ironie en public, il se contentera de le penser. La pièce s'emplit des membres du gouvernement et des dirigeants de l'UMP. Nicolas Sarkozy leur lit son discours. Si solitaire dans la conquête, il partage au moins la défaite. Pas de larmes, une émotion malgré tout palpable. Il termine. François Baroin est l'un des rares à prendre la parole : « Merci pour tout. » Quelques minutes plus tard, au moment du départ, l'héritier chiraquien récidive : « J'aimerais te dire toute ma reconnaissance. » « C'est moi qui dois te dire, qui dois vous dire toute ma reconnaissance », lui répond le président. Il regagne son bureau, où Marina prépare ses fards et ses pinceaux. Ultime maquillage.

« Ma place ne pourra plus être la même. Mon engagement dans la vie de mon pays sera différent. » Finalement, il s'est laissé convaincre. A la Mutualité, Nicolas Sarkozy ne fait pas son Lionel Jospin ; il ne se retire pas définitivement de la vie politique et choisit une formulation plus vague. C'est le moment de la chute, à cet instant il improvise. « Je vous aime. Merci à vous. » Il a parlé 9 minutes 50. Marseillaise. Longue ovation. Direction le cinquième étage, où un salon l'attend. « J'ai eu Hollande. La transition se passera bien. Il y a des règles, ce sera le 15 mai, on va prendre le temps de déménager », raconte-t-il aux membres de sa famille, à ses amis, aux collaborateurs présents. Il embrasse, serre des mains, a un mot pour chacun. Il semble serein. 48,4 %. Ce n'est pas une déculottée. L'affront a été évité.

Déjà, pour tous, il faut songer à la vie d'après. « Je serai candidat en juin », décide Henri Guaino, qui a repéré la 3e circonscription (en or) des Yvelines. Monter sur la scène de la Mutualité, prendre la parole devant les militants désespérés pour leur montrer qu'il existe un recours ? François Fillon, qui s'apprête à engager la bataille de l'UMP face à Jean-François Copé, s'interroge. Il ne s'y risquera pas. Patrick Buisson ne se pose pas ce genre de questions. Il a juste hâte de rentrer chez lui. La messe est dite. « Si les Français ne veulent pas réélire le président, peut-être seront-ils séduits par le candidat », avait-il parié au début de la bataille. L'opinion a battu le stratège. Il préfère boucler ses valises pour les Sables-d'Olonne. Il y partira demain. C'est là-bas, quand il étudiera dans le détail les résultats du scrutin, qu'il tirera sa conclusion : « Le phénomène majeur du second tour de cette élection, c'est l'homogénéisation de l'électorat de droite. La droitisation n'a pas nui. Elle n'a pas empêché ceux qui venaient du MoDem et voulaient voter Nicolas Sarkozy au second tour de le faire. » Pas de mea-culpa, surtout pas. Un regret, un seul : « Le candidat avait intériorisé la défaite. Il n'a pas osé de transgression programmatique. » Bientôt, Nicolas Sarkozy s'inquiétera de son moral, bientôt, il l'invitera au Maroc. Patrick Buisson déclinera. L'été, il s'agacera de voir l'ancien président s'activer autant et donner ainsi le sentiment d'être déjà de retour. Mais il se réjouira de constater que « le discours de la Mutualité a servi de catharsis et purgé la défaite ».

Au lendemain du triomphe de la gauche, le 10 mai 1981, *Le Monde* avait titré : « La très nette victoire de M. François Mitterrand va au-delà du rassemblement de la gauche. » Il avait attiré 51,8 % des suffrages. François Hollande obtient 51,6 % des voix, et chacun insiste sur l'étroitesse du score. Ce 6 mai, Nicolas Sarkozy aura réussi au moins cela : lui voler une (toute petite) part du succès.

Epilogue

« Je pars en exil. »
Patrick Buisson, le 7 mai.

« On nous avait tellement dit que la campagne du second tour serait différente de celle du premier. Elle a été pire. »
Jean-Pierre Raffarin, le 19 juillet.

« Il manque à François Hollande un point et même deux. Le droit de vote des étrangers a permis la jonction entre l'électorat du FN et celui de la droite. Il a même convaincu des électeurs qui ne supportaient plus Sarkozy de se prononcer à nouveau pour lui. »
Manuel Valls, le 14 juin.

« Ces 48,38 % constituent un véritable coup de tonnerre. Ce n'est pas une droite ordinaire, libérale, civilisée, gentiment conservatrice, convenable (...) qui les a obtenus, ces 48,38 %, (...) mais une droite brute de décoffrage – brute tout court –, incandescente, sauvage, débarrassée de ses habits de cour (...). La gauche a gagné légalement une élection qu'elle a perdue intellectuellement (...). La logomachie sarkozyenne de l'entre-deux-tours véhiculait une idéologie potentiellement majoritaire. »

Jean-François Kahn, in *La Catastrophe du 6 mai* (Plon, juin 2012).

« Ce que Nicolas Sarkozy n'aurait pas supporté, c'est de perdre largement. »

Claude Guéant, le 18 juillet.

« J'avais trois objectifs : ne pas être humilié par le score, ne pas tuer ma famille politique comme Jospin, ne pas partir ridicule comme Giscard. »

Nicolas Sarkozy, le 7 mai.

Remerciements

Merci à Judith Perrignon, la relectrice lumineuse,

Merci à Christophe Barbier, qui n'a jamais maquillé son soutien,

Merci à Olivier Royant, pour sa tolérance,

Merci à celui sans qui ce livre n'aurait jamais pu être, les serveurs du Perron le reconnaîtront.

Merci à Olivier Nora, pour sa confiance immédiate,

Merci à Christophe Bataille, pour ses précieux conseils.

*

Merci à E.

Merci à Emmanuel. Parce que la vie est belle.

Table

Composé par Nord Compo Multimédia
7, rue de Fives, 59650 Villeneuve-d'Ascq

Cet ouvrage a été imprimé
par CPI Firmin Didot
pour le compte des Éditions Grasset
en octobre 2012

PAPIER À BASE DE FIBRES CERTIFIÉES

Grasset s'engage pour l'environnement en réduisant l'empreinte carbone de ses livres.
Celle de cet exemplaire est de :
250 g Èq. CO_2
Rendez-vous sur
www.grasset-durable.fr

N° d'édition : 17412 – N° d'impression : 114582
Dépôt légal : octobre 2012

Imprimé en France